Collection fondée en 1933 par
FÉLIX GUIRAND

continuée par
LÉON LEJEALLE (1949 à 1968)   et   **JEAN-POL CAPUT** (1969 à 1972)
Agrégés des Lettres

ANDROMAQUE

tragédie

$2.95

McIluain, Sam
SAGE A
84

Librairie Larousse (Canada) limitée, propriétaire pour le Canada des droits d'auteur et des marques de commerce Larousse. – Distributeur exclusif au Canada : les Éditions Françaises Inc., licencié quant aux droits d'auteur et usager inscrit des marques pour le Canada.

TALMA DANS LE RÔLE DE PYRRHUS
Galerie dramatique de Martinet. (B. N., Estampes.)

RACINE

ANDROMAQUE

tragédie

avec une Notice biographique, une Notice historique et littéraire,
un Lexique, des Notes explicatives, une Documentation thématique,
des Jugements, un Questionnaire et des Sujets de devoirs,

par

BERNARD LALANDE
Agrégé des Lettres

LIBRAIRIE LAROUSSE
17, rue du Montparnasse, et boulevard Raspail, 114
Succursale : 58, rue des Écoles (Sorbonne)

RÉSUMÉ CHRONOLOGIQUE
DE LA VIE DE RACINE
1639-1699

1639 — **Jean Racine,** fils de Jean Racine, greffier du grenier à sel et procureur, et de Jeanne Sconin, est tenu sur les fonts baptismaux, le 22 décembre, à La Ferté-Milon, par Pierre Sconin, son grand-père maternel, et par Marie des Moulins, sa grand-mère paternelle.

1641 — Mort de la mère de Racine (28 janvier).

1643 — Son père meurt (6 février), ne laissant que des dettes; Racine est alors recueilli par sa grand-mère des Moulins, dont la fille Agnès (née en 1626) devait devenir abbesse de Port-Royal sous le nom de « Mère Agnès de Sainte-Thècle ».

1644-1645 — Le jeune Racine est recueilli à Port-Royal, sur les instances de la Mère Agnès.

1649-1653 — A la mort de son mari, en 1649, Marie des Moulins prend le voile à Port-Royal; Racine est élève aux **Petites Écoles de Port-Royal.**

1654-1655 — Racine est envoyé dans un collège parisien, nommé « collège de Beauvais ».

1655-1658 — Racine est rappelé à l'**école des Granges,** à Port-Royal, où il reçoit une forte **culture grecque,** sous la direction de Lancelot, et **latine,** sous celle de Nicole, tandis que M. Le Maître forme son goût et sa sensibilité littéraires.

1658 — Racine va faire une année de logique au collège d'Harcourt, à Paris.

1659-1661 — Racine, à Paris, retrouve Nicolas Vitard, cousin germain de son père et secrétaire du duc de Luynes, janséniste austère; il rencontre La Fontaine, avec qui il restera lié. Anxieux de plaire et de réussir, il sollicite les conseils poétiques de Chapelain, de Perrault. Il publie, en 1660, *la Nymphe de la Seine,* ode sur le mariage du roi, qui lui vaut une gratification de 100 louis.

1661 — Déçu par le refus de deux pièces de théâtre qu'il vient d'écrire, Racine se rend à **Uzès** (novembre), auprès de son oncle, le chanoine Sconin, vicaire général, dans l'espoir d'obtenir un bénéfice ecclésiastique. Il mène une vie austère, s'applique à la dévotion et s'ennuie.

1663 — N'ayant rien obtenu d'important à Uzès, Racine, déçu, revient à Paris, où il compose une ode *Sur la convalescence du roi,* puis *la Renommée aux Muses,* ode qui lui vaudra, deux ans plus tard, de figurer sur la première liste officielle de gratifications pour 600 livres. **Il se lie avec Boileau;** c'est le début d'une longue et sincère amitié.

***

1664 — *La Thébaïde,* tragédie jouée par Molière au Palais-Royal, sans grand succès, marque les débuts de Racine à la scène (20 juin).

1665 — *Alexandre,* tragédie, obtient un vif succès au Palais-Royal, théâtre de Molière (4 décembre); Racine, quelques jours après, la retire et la donne, le 18, à l'Hôtel de Bourgogne. Racine **se brouille avec Molière** et passe pour un froid ambitieux, « capable de tout ».

1666 — Racine, ripostant aux *Visionnaires* de Nicole par deux âpres *Lettres* — dont une seule est publiée —, rompt avec Port-Royal. « Racine est maintenant un isolé, entouré de la réprobation générale » (A. Adam).

1667 — Racine fréquente le cercle d'Henriette d'Angleterre; lié à la Du Parc, il fait jouer, le 17 novembre, la tragédie d'**Andromaque.**

1668 — *Les Plaideurs,* comédie (novembre).

1669 — *Britannicus,* tragédie (13 décembre). Racine s'oppose à Corneille.

© *Librairie Larousse,* 1959.

ISBN 2-03-034779-5

1670 — Racine mène une vie assez agitée. Il fréquente chez Mme de Montespan. Le 21 novembre, sa tragédie *Bérénice* est représentée.

1672 — *Bajazet,* tragédie (janvier).

1673 — *Mithridate,* tragédie (début janvier). Le 12, Racine est reçu à l'Académie française, où cependant le parti des Modernes recueillait la majorité. Il vit dans une confortable aisance.

1674 — *Iphigénie en Aulide,* tragédie (18 août). — La même année, Racine est nommé trésorier de France en la généralité des finances de Moulins : il en touche un traitement considérable, est anobli, sa noblesse étant transmissible. Racine, en rivalité avec Pradon, partisan de Corneille, cabale contre lui avec succès par deux fois.

1677 — *Phèdre,* tragédie, présentée en même temps qu'une tragédie de Pradon sur le même sujet (1er janvier). Une suite de sonnets, contradictoires et injurieux, circule. Condé apaise difficilement l'affaire.

En même temps, Racine **se réconcilie** officiellement **avec Port-Royal;** sa « conversion » est sincère, certaine, mais sans paraître soudaine : il avait amorcé la réconciliation longtemps auparavant.

Le 30 mai, Racine épouse Catherine de Romanet, riche bourgeoise parisienne, dont il aura sept enfants; Condé, Colbert, le duc de Luynes et plusieurs membres de la famille Lamoignon assistent, comme témoins, à la signature du contrat. En automne de la même année, Racine est nommé **historiographe du roi,** avec Boileau : l'un et l'autre doivent se consacrer tout entiers à leur nouvelle fonction. Il devient également conseiller du roi.

*
* *

1678 — Racine et Boileau accompagnent le roi dans sa campagne contre Gand et Ypres (mars). Racine s'introduit parmi les amis de Mme de Maintenon.

1683 — Racine et Boileau accompagnent le roi en Alsace.

1685 — Racine, directeur de l'Académie française, reçoit Thomas Corneille, succédant à son frère et fait l'éloge de Pierre Corneille (janvier).

1687 — Racine accompagne le roi au Luxembourg.

1689 — Première représentation d'*Esther,* pièce sacrée **commandée par Mme de Maintenon** pour les « demoiselles de Saint-Cyr » (26 janvier).

1690 — Racine est nommé « gentilhomme ordinaire du roi » (décembre), charge qui, en 1693, devient héréditaire par faveur insigne.

1691 — Représentation, à Saint-Cyr, d'*Athalie* (janvier).

1691-1693 — Racine accompagne le roi aux sièges de Mons et de Namur.

1692 — Naissance de Louis Racine, septième et dernier enfant de Racine (2 novembre).

1693 — Racine commence l'*Abrégé de l'histoire de Port-Royal.*

1696 — Racine est nommé conseiller-secrétaire du roi (février).

1697-1698 — Les relations de Racine avec le roi et avec Mme de Maintenon se refroidissent quelque peu, sans que l'on puisse préciser avec certitude la raison et l'importance de cette demi-disgrâce.

1698 (printemps) — Racine tombe malade : les médecins parlent d'une tumeur.

1699 — **Mort** de Racine à Paris (21 avril). Conformément à son vœu, il est **enterré à Port-Royal.**

1711 — Les cendres de Racine, ainsi que celles de Pascal, sont transférées à Saint-Etienne-du-Mont (2 décembre).

Racine avait trente-trois ans de moins que Corneille; dix-huit ans de moins que La Fontaine; dix-sept ans de moins que Molière; treize ans de moins que Mme de Sévigné; douze ans de moins que Bossuet; trois ans de moins que Boileau; six ans de plus que La Bruyère; douze ans de plus que Fénelon; dix-huit ans de plus que Fontenelle et trente-six ans de plus que Saint-Simon.

RACINE ET SON TEMPS

	la vie et l'œuvre de Racine	le mouvement intellectuel et artistique	les événements historiques
1639	Naissance de Jean Racine à La Ferté-Milon (22 décembre).	Fr. Mainard : Odes. G. de Scudéry : Eudoxe, tragi-comédie. Vélasquez : Crucifixion.	Paix de Berwick entre l'Écosse et l'Angleterre. Révolte des « va-nu-pieds » en Normandie.
1655	Fréquentation de l'école des Granges, à Port-Royal.	Molière : représentation de l'Étourdi à Lyon. Pascal se retire à Port-Royal des Champs (janvier).	Négociations avec Cromwell pour obtenir l'alliance anglaise contre l'Espagne.
1658	Départ de Port-Royal ; une année de logique au collège d'Harcourt.	Arrivée de Molière à Paris ; il occupe la salle du Petit-Bourbon.	Victoire des Dunes sur les Espagnols. Mort d'Olivier Cromwell.
1660	Ode sur la Nymphe de la Seine, pour le mariage de Louis XIV.	Molière : Sganarelle ou le Cocu imaginaire. Quinault : Stratonice (tragédie). Bossuet prêche le carême aux Minimes.	Mariage de Louis XIV et de Marie-Thérèse d'Autriche. Restauration des Stuarts.
1661	Voyage à Uzès.	Molière : l'École des maris ; les Fâcheux. La Fontaine : Élégie aux nymphes de Vaux.	Mort de Mazarin (8 mars). Arrestation de Fouquet (5 septembre).
1663	Retour à Paris. Odes: la Convalescence du roi ; la Renommée aux Muses.	Corneille : Sophonisbe. Molière : la Critique de « l'École des femmes ».	Invasion de l'Autriche par les Turcs.
1664	La Thébaïde.	Corneille : Othon. Molière : le Mariage forcé. Interdiction du premier Tartuffe.	Condamnation de Fouquet après un procès de quatre ans.
1665	Alexandre. Brouille avec Molière.	La Fontaine : Contes et Nouvelles. Mort du peintre N. Poussin.	Peste de Londres.
1666	Lettres contre Port-Royal.	Corneille : Agésilas. Molière : le Misanthrope ; le Médecin malgré lui. Boileau : Satires (I à VI). Furetière : le Roman bourgeois. Fondation de l'Académie des sciences.	Alliance franco-hollandaise contre l'Angleterre. Mort d'Anne d'Autriche. Incendie de Londres.
1667	Andromaque.	Corneille : Attila. Milton : le Paradis perdu. Naissance de Swift.	Conquête de la Flandre par les troupes françaises (guerre de Dévolution).

1668	Les Plaideurs.	Molière : *Amphitryon ; George Dandin ; l'Avare*. La Fontaine : *Fables* (livres I à VI). Mort du peintre Mignard.	Fin de la guerre de Dévolution : traités de Saint-Germain et d'Aix-la-Chapelle. Annexion de la Flandre.
1669	Britannicus.	Molière : représentation du *Tartuffe*. Th. Corneille : *la Mort d'Annibal*. Bossuet : *Oraison funèbre d'Henriette de France*.	
1670	Bérénice.	Corneille : *Tite et Bérénice*. Molière : *le Bourgeois gentilhomme*. Édition des *Pensées* de Pascal. Mariotte découvre la loi des gaz.	Mort de Madame. Les États de Hollande nomment Guillaume d'Orange capitaine général.
1672	Bajazet.	P. Corneille : *Pulchérie*. Th. Corneille : *Ariane*. Molière : *les Femmes savantes*.	Déclaration de guerre à la Hollande. Passage du Rhin (juin).
1673	Mithridate. Réception à l'Académie française.	Mort de Molière. Premier grand opéra de Lully : *Cadmus et Hermione*.	Conquête de la Hollande. Prise de Maestricht (29 juin).
1674	Iphigénie en Aulide.	Corneille : *Suréna* (dernière tragédie). Boileau : *Art poétique*. Pradon : *Pyrame et Thisbé*, tragédie. Malebranche : *De la recherche de la vérité*.	Occupation de la Franche-Comté par Louis XIV. Victoires de Turenne à Entzheim sur les Impériaux, et de Condé à Seneffe, sur les Hollandais.
1677	Phèdre. Nommé historiographe du roi, il renonce au théâtre. Mariage.	Spinoza : *Éthique*. Newton découvre le calcul infinitésimal et Leibniz le calcul différentiel.	Victoires françaises en Flandre (prise de Valenciennes, Cambrai). Début des négociations de Nimègue.
1683	En Alsace avec le roi et les armées.	Quinault : *Phaéton*, opéra. Fontenelle : *Dialogues des morts*. P. Bayle : *Pensées sur la comète*.	Mort de Colbert. Hostilités avec l'Espagne : invasion de la Belgique par Louis XIV. Victoire de J. Sobieski sur les Turcs.
1689	Esther.	Fénelon, précepteur du duc de Bourgogne. Bossuet : *Avertissements aux protestants*.	Guerre de la ligue d'Augsbourg : campagne du Palatinat.
1691	Athalie.	Campistron : *Tiridate*, tragédie. Dancourt : *la Parisienne*, comédie.	Mort de Louvois. Prise de Nice et invasion du Piémont par les Français.
1699	Mort de Racine (21 avril) à Paris.	Dufresny : *Amusements sérieux et comiques*. Fénelon : *Aventures de Télémaque*.	Condamnation du quiétisme.

BIBLIOGRAPHIE SOMMAIRE

OUVRAGES GÉNÉRAUX SUR RACINE :

François Mauriac	*la Vie de Jean Racine* (Paris, Plon, 1928).
Thierry Maulnier	*Racine* (Paris, Gallimard, 1935).
Jean Giraudoux	*Littérature* (Paris, Grasset, 1941).
Pierre Moreau	*Racine, l'homme et l'œuvre* (Paris, Boivin-Hatier, 1943).
Jacques Schérer	*la Dramaturgie classique en France* (Paris, Nizet, 1950).
Antoine Adam	*Histoire de la littérature française au XVIIᵉ siècle*, tome IV (Paris, Domat, 1954).
Raymond Picard	*la Carrière de Jean Racine* (Paris, Gallimard, 1956).
Lucien Goldmann	*le Dieu caché, Étude sur la vision tragique dans les « Pensées » de Pascal et dans le théâtre de Racine* (Paris, Gallimard, 1956).
Maurice Descotes	*les Grands Rôles du théâtre de Jean Racine* (Paris, P. U. F., 1957).
Philip Butler	*Classicisme et baroque dans l'œuvre de Racine* (Paris, Nizet, 1959).
Roland Barthes	*Sur Racine* (Paris, Éd. du Seuil, 1963).

SUR LA LANGUE DE RACINE :

Jean-Pol Caput	*la Langue française, histoire d'une institution*, tome I (842-1715) [Paris, Larousse, collection L, 1972].
Jean Dubois, René Lagane et A. Lerond	*Dictionnaire du français classique* (Paris, Larousse, 1971).
Vaugelas	*Remarques sur la langue française* (Paris, Larousse, « Nouveaux Classiques », 1969).

ANDROMAQUE
1667

NOTICE

CE QUI SE PASSAIT EN 1667

■ *EN POLITIQUE* : *Après la conquête des Flandres au cours de l'été, Grémonville, ambassadeur de France à Vienne, négocie le partage des possessions espagnoles avec l'Autriche. Dans les Pays-Bas, de Witt rompt avec Louis XIV pour se tourner vers l'Angleterre.*

En France : *on pousse les préparatifs de la campagne de 1668 en Franche-Comté. Condé rentre en grâce et reçoit le commandement des futures opérations. — En politique économique : Colbert élève les tarifs douaniers. La charte des Gobelins, devenus Manufacture royale des meubles de la couronne, est publiée et le roi visite solennellement la manufacture. La Compagnie des Indes orientales fonde un comptoir à Surate. — Affaires religieuses : avant l'apaisement de 1668 entre Port-Royal et le pouvoir, en décembre 1667, double lettre de dix-neuf évêques au pape et au roi pour soutenir les quatre évêques jansénistes en rébellion. — En politique intérieure : arrêt renouvelant l'interdiction de publier un livre sans lettres patentes.*

■ *EN LITTÉRATURE* : En France : *La Fontaine obtient le privilège pour l'impression de son premier recueil de Fables, qui paraîtra l'année suivante. Il écrit son roman de Psyché, qui paraîtra également en 1668. — Boileau publie la Satire VIII : Sur l'homme, et la Satire IX : A mon esprit. Bossuet a prononcé, le 18 janvier, l'oraison funèbre d'Anne d'Autriche. — Au théâtre : le 4 mars, Corneille fait représenter, au Palais-Royal, Attila, tragédie. Molière donne, le 5 août, une représentation unique du Tartuffe, interdit aussitôt par le président Lamoignon.*

A l'étranger : En Angleterre, *Milton publie le Paradis perdu, et Dryden son Essai sur la poésie dramatique.*

■ *DANS LES SCIENCES ET DANS LES ARTS* : *Construction de l'Observatoire par Cl. Perrault. — Colonnade de la place Saint-Pierre de Rome, par le Bernin.*

REPRÉSENTATIONS D' « ANDROMAQUE »

ANDROMAQUE, la troisième tragédie de Racine, fut représentée pour la première fois, devant la Cour, en l'appartement de la reine, le 17 novembre 1667; la première représentation publique eut lieu, sans doute, le lendemain à l'Hôtel de Bourgogne. Floridor jouait

Pyrrhus, Montfleury représentait Oreste, Mlle Des Œillets Hermione et Mlle Du Parc Andromaque. Cette dernière venait d'abandonner la troupe de Molière et le rôle d'Andromaque marqua sans doute sa première apparition à l'Hôtel de Bourgogne. Seule Thérèse Du Parc avait à peu près l'âge de son rôle, étant née en 1633. Mais Mlle Des Œillets avait quarante-six ans, Floridor environ soixante et Montfleury à peu près soixante-sept. En outre, ce dernier était énorme et devait se ceinturer d'un cercle de fer pour donner aux scènes de violence le « ton de démoniaque » qui convient. Il allait mourir le 31 décembre 1667, tué, disait-on, par les efforts que lui coûtait la fureur d'Oreste. Cet accident ne contribua pas médiocrement à la célébrité de la pièce.

On ne sait exactement quelle était la situation de Racine à la veille de son premier triomphe. Il s'était brouillé avec Molière à la fin de 1665 en lui retirant sa tragédie d'*Alexandre*. Il avait rompu avec Port-Royal en janvier 1666 par sa *Lettre à l'auteur des « Hérésies imaginaires »*. M. Antoine Adam considère que ces deux éclats furent deux fautes. M. Raymond Picard voit dans le premier au moins la preuve de l'habileté de Racine dans l'aménagement de sa carrière. En tout cas, l'Epître dédicatoire *d'Andromaque* à Henriette d'Angleterre montre que Racine était introduit à la Cour dans le cercle fort influent de la belle-sœur du roi. Ces manœuvres furent rendues superflues par le succès *d'Andromaque* auprès du public.

La pièce suscita pourtant, de la part des poètes rivaux et des partisans de Corneille, de vives critiques, qui se trouvent, pour la plupart, rassemblées dans une comédie en trois actes de Subligny, *la Folle Querelle*, représentée par la troupe de Molière, le 18 mai 1668. Bien des critiques de Subligny semblent mesquines et peu fondées; certaines cependant, relatives au style, sont assez judicieuses, et Racine en fit son profit. (Les principales seront indiquées dans les notes.)

Par la suite, le succès *d'Andromaque* ne s'est jamais démenti. De 1680 à 1967, cette tragédie a été jouée 1 351 fois à la Comédie-Française; seule des œuvres de Racine, *Phèdre* atteint un chiffre équivalent (1 350 représentations). Encore faut-il remarquer que, depuis une époque récente, on reprend plus souvent *Andromaque* que *Phèdre*. Les deux rôles qui ont le plus attiré tragédiens et tragédiennes sont ceux d'Oreste et d'Hermione : le premier a été illustré par Lekain, Talma et Mounet-Sully; le second par la Clairon, la Dumesnil, Rachel et Sarah Bernhardt.

ANALYSE DE LA PIÈCE

(Les scènes principales sont indiquées entre parenthèses.)

■ *ACTE PREMIER*. **L'ambassade d'Oreste.**

Andromaque, veuve d'Hector, est devenue, à la chute de Troie, la captive de Pyrrhus, roi d'Epire. Celui-ci devait épouser Hermione, la fille de Ménélas. Mais lorsque cette princesse est arrivée à sa cour pour le mariage, elle a trouvé le roi épris d'une passion, d'ailleurs non partagée, pour Andromaque. En même temps, le bruit a couru en Grèce qu'Andromaque avait sauvé des mains d'Ulysse le fils d'Hector, Astyanax, et que l'enfant vit avec sa mère auprès de Pyrrhus. Ménélas et les rois grecs ont donc décidé d'envoyer en Epire un ambassadeur pour réclamer Astyanax afin de le mettre à mort. Quand le rideau se lève, nous sommes à la cour de Pyrrhus, où l'envoyé des Grecs vient de débarquer : c'est Oreste, et il explique à son ami Pylade qu'il a brigué ces fonctions pour revoir Hermione, dont il est épris ; il vient plus pour emmener la princesse que pour s'emparer d'Astyanax **(scène première)**. Selon le vœu secret d'Oreste, son ambassade échoue : Pyrrhus refuse de livrer Astyanax **(scène II)**. Pyrrhus apprend à Andromaque quelle est la mission d'Oreste et lui promet de sauver l'enfant si elle consent à l'épouser. Devant les hésitations d'Andromaque, il s'irrite et menace **(scène IV)**.

■ *ACTE II.* **Les hésitations de Pyrrhus.**

Hermione, désemparée, accepte de recevoir Oreste et même de le suivre si Pyrrhus ne livre pas Astyanax et par là se lie à Andromaque **(scène II)**. Au moment où Oreste se réjouit, Pyrrhus vient lui annoncer qu'il a changé d'avis : on va livrer Astyanax aux Grecs. Resté seul avec son confident, le roi donne les raisons de son revirement : Andromaque semble vouloir rester fidèle au souvenir d'Hector ; le confident doute de la résolution de son maître **(scène V)**.

■ *ACTE III.* **Les hésitations d'Andromaque.**

Oreste, exaspéré, médite avec Pylade l'enlèvement d'Hermione **(scène première)**. Cependant, Andromaque se jette aux pieds d'Hermione triomphante pour qu'elle intercède auprès de Pyrrhus en faveur du malheureux Astyanax **(scène IV)**. Et comme Hermione la repousse, Andromaque supplie une nouvelle fois Pyrrhus **(scène VI)**. Le roi répète à quelle condition il sauvera l'enfant. Andromaque ne sait à quoi se résoudre.

■ *ACTE IV.* **La vengeance d'Hermione.**

Andromaque a consenti à épouser Pyrrhus et elle expose à sa confidente le stratagème qu'elle a imaginé : une fois le roi tenu par son serment de protéger Astyanax, Andromaque se tuera avant même la fin de la cérémonie **(scène première)**. Hermione fait venir Oreste et lui demande de tuer Pyrrhus ; après s'être défendu un moment, Oreste cède **(scène III)**. Pyrrhus a une dernière entrevue avec Hermione pour tenter de lui faire excuser sa conduite ; Hermione laisse entendre qu'elle se vengera **(scène V)**.

■ *ACTE V.* **L'échec d'Oreste.**

Partagée entre l'amour et la colère, Hermione est près de révoquer l'ordre qu'elle a donné à Oreste **(scène première).** Mais on lui annonce que la cérémonie du mariage est commencée au temple ; elle tuera Pyrrhus de sa main si Oreste se dérobe. Pourtant, quand survient Oreste, annonçant la mort de Pyrrhus, la princesse l'accueille par des imprécations **(scène III)** et court se poignarder sur le cadavre de Pyrrhus. Oreste est frappé de folie. Pylade l'entraîne vers le port avant que les sujets de Pyrrhus ne vengent leur roi **(scènes IV et V).**

LES SOURCES D' « ANDROMAQUE »

Racine dit dans sa préface qu'il a tiré le sujet de sa pièce d'un passage de l'*Énéide* de Virgile (III, 292-332), dont on trouvera la traduction dans la Documentation thématique ; il déclare également que l'*Andromaque* d'Euripide lui a fourni certains traits pour le caractère d'Hermione. Mais il avait, en outre, comme sources d'inspiration, l'*Iliade* d'Homère et les *Troyennes* de Sénèque.

Homère lui a fourni le dessin principal de la physionomie d'Andromaque, épouse et mère ; un souvenir plus direct se marque dans l'évocation, au IIIe acte, du fameux épisode des adieux d'Hector et d'Andromaque, au VIe chant de l'*Iliade*.

L'influence d'Euripide est moins accusée ; c'est que le personnage d'Andromaque a été transfiguré par le tragique grec ; seule, la mère apparaît : l'héroïne tremble encore pour son enfant, mais cet enfant, Molossos, est le fils de Pyrrhus ; le drame réside surtout dans une rivalité de femmes (voir Documentation thématique).

Quant aux *Troyennes* de Sénèque, qui reprenaient le sujet des *Troyennes* d'Euripide, Racine ne leur a emprunté que quelques détails d'expression, qu'on trouvera indiqués dans les notes.

Telles sont les sources antiques que Racine avait à sa disposition. Mais on peut se demander, en outre, si l'idée de sa pièce ne lui a pas été suggérée par le souvenir d'une tragédie de Corneille, *Pertharite*. Cette pièce, représentée sans succès à la fin de 1651, offre, pour le fond, avec *Andromaque* de nombreuses analogies. On trouvera dans la Documentation thématique le résumé des trois premiers actes de cette tragédie, qui, beaucoup plus que les textes antiques, a pu fournir à Racine certaines données de l'action.

LES PERSONNAGES. LA PSYCHOLOGIE

Nous ne pouvons guère nous empêcher, lorsque nous méditons sur une pièce de théâtre, de nous demander d'abord comment sont faits les personnages. Nous ne nous soucions plus que l'auteur nous restitue sur la scène le vrai Pyrrhus ou la vraie Andromaque. De 1667 à nos jours, on a, par exemple, reproché au Pyrrhus de

Racine d'être tantôt trop violent pour un roi, tantôt trop dameret pour un chef de tribu épirote, comme si ce héros de légende avait une réalité historique décelable. Nous admettons que les protagonistes de la tragédie sont simplement des hommes et des femmes du XVIIᵉ siècle français. Il est très vrai que, présenté à la Cour, Racine a dû apprendre qu'un roi de France peut avoir pour sa maîtresse une passion douloureuse et chargée d'orages, « qu'il y avait, dans les hôtels princiers de Paris, des femmes passionnées, incapables de se maîtriser, esclaves de leurs désirs » (A. Adam). Et quand il a imaginé une reine exilée dans une cour étrangère, il lui a donné bonnement la condition de la reine d'Angleterre à Saint-Germain. Bien mieux, lorsque, à la scène première de l'acte IV, Andromaque explique ses dernières volontés à Céphise, peut-être nous trompons-nous, mais nous croyons entendre le testament politique d'une princesse du XVIIᵉ siècle qui aurait été dans la situation d'Andromaque : elle est respectueuse des prérogatives du trône, même quand elle en souffre, et d'ailleurs les vaincus doivent se soumettre au droit de la guerre; en outre, plus qu'à l'ambition de retrouver un royaume pour son fils, elle songe à préserver la noble lignée de la maison de Priam, car un roi est d'abord un gentilhomme que sa race illustre destine éventuellement à régner. Mais, du moment qu'elle est reine d'Epire, et que la mort de Pyrrhus en la délivrant de tout contact avec les fils d'Achille la fait régente, elle ne pense plus qu'aux intérêts de la monarchie épirote. On trouverait des exemples semblables tout au long de la tragédie, et l'on pourra toujours s'amuser de voir Pyrrhus, pour se marier, entrer dans le temple comme à Notre-Dame, suivi des ambassadeurs étrangers et du peuple de sa capitale. On en vient alors à rechercher dans l'œuvre l'écho des sentiments personnels de l'auteur et le fruit des observations psychologiques qu'il aurait faites sur son entourage. Cela suppose que nous sachions quel homme était l'écrivain et à qui il songeait en créant tel ou tel héros. Or, s'il est une chose impossible, c'est de savoir qui était Racine : non seulement nous avons sur lui peu de documents, mais ceux que nous avons sont difficiles à interpréter, car nous ne comprenons pas bien les faits et gestes d'un être qui n'était pas simple dans une société disparue. Cette quasi-ignorance est la conclusion que l'on peut tirer des derniers travaux biographiques sur l'auteur d'*Andromaque*. En ne s'appuyant que sur les documents certains, M. R. Picard a pu montrer quel ambitieux était Jean Racine; il n'a pas essayé d'éclaircir par quel mystère cet habile garçon, pour parvenir, avait choisi le moyen le plus fou en son temps : écrire des tragédies. Racine n'était pas qu'un arriviste, mais il est impossible aujourd'hui d'en dire davantage. Il est donc aventureux de prétendre, comme M. Adam, qu'Oreste est le portrait du poète lui-même. Quel genre de sentiment avait éprouvé Racine pour la Du Parc Et qu'y a-t-il de commun entre les amours d'un dramaturge qui prend systématiquement pour maîtresse la princi-

pale interprète de ses œuvres et la passion d'Oreste? Tout le monde
a définitivement renoncé à deviner quel fut le modèle d'Hermione,
s'il y en eut un; en tout cas, nous avons de bonnes raisons de croire
que la Du Parc n'était pas une ingénue. On se demande aussi où
Racine aurait pu observer le sentiment maternel d'Andromaque
puisqu'il n'a jamais connu sa mère. Il n'y a pas de clefs à *Andromaque*. Il est vain de comparer la veuve d'Hector à Henriette de
France, et Pyrrhus n'est pas Louis XIV. Ainsi, il ne faut chercher
dans Andromaque ni vérité historique, ni romantique confidence,
ni portrait précis.

En fait, croire que Racine est parti de la psychologie et qu'il a
posé en premier les caractères qu'il mettra en action dans sa tragédie
future, c'est prendre les choses à l'envers. Racine n'a imaginé ses
personnages qu'en fonction de la situation dramatique, qui est
comme la base sur laquelle s'édifie le poème. Cela se voit bien
quand on considère Oreste. Dans tout le théâtre classique, les personnages sont conçus pour se faire pendant au cours des scènes où
ils s'affronteront, selon une symétrie parfois très exacte, comme
Célimène, qui est trait pour trait le contraire d'Alceste. Le dramaturge crée des interlocuteurs. Oreste doit donner la réplique à Hermione, et c'est un rôle qui risque de manquer de relief : bon jeune
homme toujours humilié, écrasé sous les mépris d'une adolescente,
toujours ou suppliant ou obéissant à de monstrueux caprices.
Cependant, Oreste donne le sentiment d'avoir un poids égal à celui
de sa partenaire, parfois même de la dominer; c'est que, en présence
d'Hermione au moins, il voit toujours clair et qu'à l'inconscience à
peu près constante de la femme répond une lucidité immédiate et
sans défaillance de l'homme. Les deux personnages sont créés en
fonction l'un de l'autre. C'est donc à l'intérieur du poème qu'il faut
en examiner les héros.

LES BIENSÉANCES ET LES TROIS UNITÉS

Nous avons peine à comprendre qu'un grand poète se soit soumis
aux règles d'un genre, telles qu'on les lui imposait sous prétexte de
morale, de vraisemblance, ou au nom d'Aristote, ou en invoquant
la nature et la raison. C'est pourtant un fait.

Il y a peu de choses à dire des bienséances dans *Andromaque*.
Racine n'a aucune peine à faire mourir Pyrrhus et Hermione dans
les coulisses. On peut noter qu'il a pris toutes précautions pour ne
choquer personne : le dérèglement des passions est puni à la fin
par la mort ou la démence, tandis que la vertueuse Andromaque
monte sur le trône d'Epire. Seule, la nécessité de ne pas mettre
l'adultère sur le théâtre l'a gêné. Cette règle devait être bien contrai-
gnante puisque Néron, Roxane et Pharnace ne parlent jamais que
d'épouser, ce qui est surprenant de la part des deux premiers, et il
n'est pas jusqu'à Phèdre qui n'attende la mort de Thésée pour

avouer un amour qu'elle juge d'ailleurs incestueux. Dans *Andro-maque*, Hermione ne peut plus être mariée comme dans la légende antique : l'amour du roi pour Andromaque et celui d'Oreste pour Hermione ne pourraient plus avoir le mariage pour dessein. Pour-tant, il est absolument nécessaire qu'en épousant Andromaque Pyrrhus soit parjure : la décision d'épouser une Troyenne n'est déchirante pour lui que s'il viole par là un serment, car le person-nage est conçu de telle sorte que ni la colère des Grecs ni la douleur d'Hermione ne peuvent l'arrêter. Mais qu'est-ce donc que Pyrrhus a juré à Hermione ? On entrevoit que les fiançailles sont un engage-ment irrévocable, sanctionné par un acte religieux. En outre, Racine explique péniblement par la bouche de Pyrrhus, à la scène V de l'acte IV, qu'il y a eu aussi, si nous comprenons bien, une sorte d'acte politique conclu par l'entremise d'ambassadeurs, et que Pyrrhus a ratifié. Racine s'autorise évidemment de l'usage des cours au XVIIᵉ siècle pour les mariages princiers ; mais les liens qui unissent Pyrrhus et Hermione ne sont pas clairs.

L'unité de temps ne semble pas attirer de remarques spéciales à notre tragédie. On sait qu'en choisissant l'amour comme ressort principal de ses pièces, Racine peut mettre en œuvre une passion assez pressante pour aboutir, en quelques heures, au meurtre, à la folie et au suicide. Il suffit alors qu'un événement se produise pour que la crise veuille un dénouement rapide. L'urgence, ici, est provo-quée par l'arrivée de l'envoyé des Grecs, Oreste, qui vient réclamer Astyanax. Le résultat de cette importance donnée à l'amour, c'est que la cour de Pyrrhus est une étrange cour : on n'y entend jamais parler des affaires de l'État ; un ambassadeur par amour ne travaille qu'à faire échouer sa mission, tandis que le souverain, tout en invo-quant le droit et la politique, ne trompe personne ; le même souve-rain, quelques instants plus tard, reviendra sur sa réponse sans explication. Le spectateur du XVIIᵉ siècle, habitué au romanesque, en avait vu bien d'autres. C'est ce qui a permis à Racine d'utiliser l'amour comme il l'a fait. D'ailleurs, il avait sous les yeux une haute société que les Bourbons avaient condamnée à une oisiveté dorée et qui, entre les campagnes militaires de la belle saison, n'avait plus que deux occupations, la chasse et la galanterie. Par la suite, Racine essaiera de remédier aux inconvénients de la tragédie purement amoureuse : Titus et Mithridate sont des monarques plus sérieux que Pyrrhus, mais c'est un procédé si commode pour observer l'unité de temps que Racine y sera fidèle.

Il a eu plus de peine à plier ses pièces à l'unité de lieu. On sait tout ce qui a été dit sur le « palais à volonté ». Peut-être la disposi-tion des logis aristocratiques du XVIIᵉ siècle aide-t-elle à comprendre que les contemporains n'aient pas été choqués si les divers person-nages d'un drame se rencontrent en un même point d'une demeure. Depuis 1650 environ, les architectes organisent les appartements des hôtels et des châteaux autour d'une ou deux pièces, sans affec-

tation déterminée, qui constituent une sorte d'espace neutre et par
où il est à peu près obligatoire de passer quand on va d'une chambre
à l'autre, faute de corridors et de galeries. Même dans le palais
que Louis XIV allait se faire bâtir à Versailles, à partir de 1668, il
y aura des antichambres et des salles à plusieurs usages, qui sont
seules à permettre la communication entre les diverses parties du
château : le salon d'Hercule, ou même la salle du Conseil et l'Œil-
de-bœuf avant la construction de la galerie des Glaces. Les spectateurs voyaient donc sans étonnement les personnages se chercher
ou se rencontrer malgré eux dans le lieu figuré sur le théâtre. On
ne sait dans quel décor *Andromaque* fut jouée en 1667; le *Mémoire*
de Mahelot nous apprend qu'en 1680 la scène représentait un portique d'où l'on apercevait la mer et le port; mais s'il en avait été
ainsi dès 1667, Racine n'aurait sans doute pas indiqué dans la première édition (1668) « dans une salle du palais de Pyrrhus ». Quoi
qu'il en soit, lorsqu'il écrivait sa tragédie, Racine pensait qu'elle se
déroulerait dans cet espace neutre du palais où Oreste attend d'être
reçu par le roi, où le roi donne audience à l'ambassadeur, où
Andromaque est contrainte de passer pour aller embrasser Astyanax,
où Hermione ne peut éviter de rencontrer Andromaque et où elle
est bien obligée de faire venir l'envoyé de son père si elle répugne
à le faire introduire dans son appartement. Les contemporains n'ont
vu qu'une invraisemblance causée par l'unité de lieu, celle de la
scène IV de l'acte II : un roi ne cherche pas un ambassadeur, il le
convoque auprès de lui. Les héros sont relativement en sécurité
dans la salle que voit le spectateur, puisque les bienséances interdisent
d'y faire couler le sang. Au-delà règnent les « détours obscurs »
du palais que Racine semble imaginer d'après ce qu'un homme de
son temps pouvait savoir de la Maison dorée de Néron ou de la
villa d'Hadrien. C'est un dédale hanté par l'épouvante et les périls :
sans que la sortie de Pyrrhus, à la fin de l'acte IV, soit aussi tragique
que celle de Bajazet, tout le monde, et lui-même, sait qu'il va vers
la mort. Au-delà encore, comme presque toujours chez Racine,
commence la mer, qui est dans *Andromaque* le libre espace où les
héros, à l'exception de Pyrrhus, mais y compris peut-être Hermione,
trouveront la délivrance, s'ils l'atteignent. Remarquons incidem-
ment que le portique de 1680, qui semble faire prévoir la construction
du Grand Trianon, où une colonnade ouverte relie les deux ailes
de l'édifice, était bien fait pour servir de cadre au poème.

En dépit des apparences, l'unité d'action est formellement respec-
tée dans cette tragédie : Pyrrhus épousera-t-il Andromaque ? A vrai
dire, il doit vaincre deux ordres de résistance : pendant les trois
premiers actes, les difficultés viennent d'Andromaque, et, pendant
les deux derniers, elles viennent d'Hermione, en sorte que la veuve
d'Hector ne reparaît plus après la scène première de l'acte IV. Un
protagoniste se retire du jeu avant la fin. Aujourd'hui, nous n'atta-
chons pas grande importance à ce genre de détails; nous considé-

rons qu'Andromaque va mourir et que la pression tragique n'est pas détendue. Mais, dans le cadre du classicisme, c'est probablement une faute de Racine : *Andromaque* n'est pas ce cercle dramatique unique d'où l'on ne peut sortir. L'essentiel est que le spectateur se pose la même question jusqu'au dénouement. On ne saurait trouver une phrase, un mot, qui n'ait pour dessein de hâter ou, au contraire, de retarder ce mariage. Plus encore qu'une unité d'action étroitement conçue, Racine veut que ses personnages soient emportés par un mouvement dramatique sans rémission, du début à la fin de la tragédie. Une tension aussi constante explique pourquoi Andromaque nous donne le sentiment d'être coquette envers Pyrrhus : ses pleurs, ses plaintes ne sont jamais de simples émanations de sa détresse, ils ne sont jamais gratuits, mais recèlent toujours l'intention de fléchir Pyrrhus. Tout le personnage en prend un air ambigu, et nous sommes confirmés dans ce sentiment quand, après la mort de Pyrrhus, cette femme gémissante montre du sang-froid, de l'énergie, de la promptitude à se décider et à agir. La rigueur dramatique de Racine le condamnait, lorsqu'il créait une tendre victime, Junie, Monime, Iphigénie, à la créer à la fois tendre et fort habile à se défendre par ses larmes, au point que Péguy a pu voir de la cruauté chez Iphigénie. Ajoutons qu'aucune de ces jeunes filles, innocemment rusées, n'aura la puissante personnalité féminine d'Andromaque. C'est une héroïne que Racine n'a jamais pu refaire avec le même bonheur. Il est d'ailleurs certain que cette nécessité de parler toujours utilement met l'authenticité d'une telle héroïne hors de la portée du spectateur ou du lecteur. Que pense *vraiment* Andromaque ? Qui est la *vraie* Andromaque tant que Pyrrhus n'est pas mort ?

LA LANGUE CLASSIQUE

Mais le goût classique imposait d'autres contraintes auxquelles Racine obéit avec une docilité plus surprenante encore. Racine se contente de la langue des grands genres. Il a écrit tout son théâtre avec deux mille mots. Il n'emploie que les alliances de mots qui sont du bon usage : on sait que, par exemple, Malherbe dit « de bonne sorte », qu'il tolère « de mauvaise sorte », mais qu'il condamne toute autre épithète donnée à ce nom. Dans ces conditions, le jaillissement du langage poétique devient bien difficile. Bien plus, la versification classique apporte d'autres interdits. J. G. Cahen a montré comment la coupure du discours en tronçons de six syllabes restreint le nombre d'adjectifs que l'on peut adjoindre à un nom, surtout s'il a trois pieds et plus. Nous renvoyons à la thèse de Cahen pour l'habileté avec laquelle Racine boucle son distique, faisant d'abord le second vers, lançant sa phrase dans le premier hémistiche du premier vers et complétant le second hémistiche avec une incidente, un complément circonstanciel, un participe présent, voire avec une cheville, un « si j'ose le dire », toutes faiblesses qui ne sont guère visibles à cette place. Pour nous, examinons les conséquences de ces contraintes sur la poésie de Racine. Privé de presque toute liberté de langage, Racine a renoncé de lui-même au lyrisme. Dès qu'un personnage est sur le point de se laisser aller à dire sa ferveur, son interlocuteur lui coupe la parole :

> Ah! si je le croyais, j'irais bientôt, Pylade,
> Me jeter...
>   — Achevez, seigneur, votre ambassade. (Vers 133-134.)

Sinon, le personnage s'interrompt comme s'il allait commettre une sottise :

> Souhaité de me voir! Ah! divine princesse...
> Mais, de grâce, est-ce à moi que ce discours s'adresse? (Vers 529-530.)

A la scène III de l'acte II, c'est à peine si Oreste fait éclater sa joie par quelques mots de lyrisme :

> Sauve tout ce qui reste et de Troie et d'Hector,
> Garde son fils, sa veuve, et mille autres encor,
> Epire : [...]
>   A tant d'attraits, Amour ferme ses yeux. (Vers 599-601, 604.)

Le reste du monologue est occupé par des considérations en quelque sorte stratégiques, des prévisions sur ce que fera Pyrrhus.

Cependant, Racine a tenté de donner à sa tragédie trois genres de colorations poétiques : la poésie descriptive, les « fureurs » et l'élégie. M. Butler a remarqué que la poésie descriptive était dans le goût baroque. Violence, horreur, mouvement, ombres et lumières dans la nuit : *Mon époux sanglant traîné dans la poussière* (vers 930), *Pyrrhus, les yeux étincelants, Entrant à la lueur de nos palais brûlants* (vers 999-1000); l'image de Troie en flammes sert d'arrière-fond à la pièce. On peut se demander si ce genre de poésie tourmentée n'est pas mieux à sa place dans la bouche du monstre Néron que dans celle d'Andromaque ou dans celle de Bérénice; toujours est-il que, jusqu'au récit de Théramène, Racine introduira dans ses tragédies des peintures qui rappellent — disons — le Tintoret. Ces tableaux du sac de Troie, ainsi que les imprécations d'Hermione et le délire d'Oreste font sur le spectateur moderne un effet médiocre. Au contraire, nul ne conteste que Racine ne soit un grand poète élégiaque. Racine a découvert que si l'élégie est une plainte sans grand cri, à mi-voix, elle s'accommode d'une extrême simplicité de langage, d'un vocabulaire courant et pauvre, d'une syntaxe dépouillée. Par un miracle dont aucune analyse ne peut rendre compte, parce que c'est le secret du génie, Racine atteint le sommet de sa poésie dans des vers élégiaques qui sont au ras de la prose : *Je ne l'ai point encore embrassé d'aujourd'hui* (vers 264). Ainsi, Racine a évité le vieux reproche que Mathurin Régnier adressait à l'école de Malherbe, qui ne savait que « proser de la rime et rimer de la prose ».

« CETTE TRISTESSE MAJESTUEUSE QUI FAIT TOUT LE PLAISIR DE LA TRAGÉDIE »

Nous ne devons pas oublier une dernière règle, où Diderot n'a vu qu'une aberration ridicule du goût classique. Pour Racine, comme pour les autres dramaturges de son temps, la tristesse tragique doit être « majestueuse ». Les héros de Corneille, avec leur grandeur d'âme, échappent sans peine à la médiocrité quotidienne. Certes, M. Butler a eu raison de rappeler que les héros d'*Andromaque* ne sont pas des êtres aussi bas qu'on l'a trop souvent dit : tout le monde reconnaît que la veuve d'Hector est une femme de devoir; ni Pyrrhus ni Oreste ne manquent de générosité; Hermione, en fin de compte, a la noblesse de ne pas survivre à l'homme qu'elle aimait. Ils ne sont pas vulgaires. Toutefois, on les a si souvent présentés comme des malheureux livrés à leurs instincts et le drame comme un fait divers, que réellement il doit y avoir danger de faire le contresens. Nous verrons qu'au fond des choses la souffrance qui déchire Pyrrhus ne peut se concevoir que dans une âme royale : si Pyrrhus n'a qu'en apparence la courtoisie romanesque, s'il est un prince machiavélique, c'est pourtant un prince. Nous voulons signaler pour l'instant que le seul cadre de la tragédie empêche déjà de l'interpréter comme un drame bourgeois. Racine a pris grand soin de donner à sa pièce le fond d'épopée sans quoi il n'y a pas de tragédie; reprenant le procédé de Corneille, il émaille ses vers des noms prestigieux de la légende ou de l'histoire. Il n'est guère de scènes dans *Andromaque* où ne soient évoquées Troie et la grandeur de sa chute. Et il faut avouer que ces sombres fresques étaient un excellent moyen pour Racine de donner à son théâtre le ton héroïque et épique sans lequel il n'y a pas de tragédie.

LE TRAGIQUE

Si admirable que soit la technique de Racine, elle serait insuffisante à justifier sa gloire. Il faut aller plus loin. Racine, abandonnant la tragédie héroïque « à la française », restaure la tragédie pathétique et tragique et tragique des Grecs. Le tragique moderne ne saurait avoir pour ressort la fatalité antique à laquelle ni Racine ni ses spectateurs ne peuvent croire. C'est une des faiblesses de *la Thébaïde* de l'avoir remise sur la scène. Dans *Andromaque*, Oreste est encore l'Atride chargé de la malédiction ancestrale, mais le malheur inéluctable qui accable les autres héros ne vient plus des dieux. C'est l'amour qui doit devenir une passion fatale. Nous avons vu que la prépondérance de l'amour dans le théâtre de Racine peut s'expliquer par l'unité de temps. Nous voulons montrer que du « tendre sur estime » et du « tendre sur inclination », il ne pouvait guère choisir que le second. Racine a besoin de mettre en œuvre une force irrésistible venue des profondeurs obscures de l'âme humaine et qui échappe au contrôle de la volonté et de la raison. Ainsi, ni Pyrrhus ni Hermione ne sont maîtres de leur sort, et leur condition est tragique. Pourtant, il n'était pas facile au poète d'exprimer la passion sans le truchement d'un langage lyrique dont le grand siècle est dépourvu. C'est bien ce que Hugo et les romantiques ont fait observer aux classiques. Racine n'avait à sa disposition que le langage galant. Les *fers*, les *flammes* et les *glaces*, les *tigres* et les *cruelles* étaient bien en principe des métaphores lyriques, et peut-être le sont-ils encore un peu chez Ronsard, mais, après un siècle de politesse, ils étaient devenus des clichés du bon usage et n'avaient plus le pouvoir de convaincre. Racine le savait si bien que, lorsque le pauvre Oreste essaie de dire à Hermione son amour au début de la scène II de l'acte II, celle-ci feint de ne voir là que littérature courtoise et lui répond légèrement : *Quittez, Seigneur, quittez ce funeste langage.* Il semble bien que Racine a espéré rendre quelque vigueur au langage galant en donnant aux mots, le plus souvent possible, à la fois leur sens premier et leur sens figuré. *Brûlé de plus de feux que je n'en allumai* (v. 320) est célèbre et a fait couler beaucoup d'encre. On retrouve cet artifice au moins quatre fois dans la bouche de Pyrrhus au cours de la scène IV de l'acte premier. Et nous accusons Pyrrhus de fadeur. Pour traduire la violence des passions, Racine, contraint d'employer une langue impuissante, va se tourner vers les effets de cette passion. La première preuve que les héros de Racine nous donnent de leur fureur, c'est qu'ils sont incapables de porter attention à tout autre objet que celui de leur amour. Hermione oublie qu'elle parle à un homme qui l'aime quand elle dit à Oreste : *Jugez-vous que ma vue inspire des mépris* (vers 552). Pyrrhus n'a même pas entendu la prière d'Hermione aux vers 1371 à 1374 : il oublie de répondre. L'amour cause des douleurs et des joies si vives qu'il est impossible d'avoir de la sympathie pour les douleurs et les joies d'autrui; nous le voyons quand Hermione ne peut compatir à la souffrance maternelle d'Andromaque dans la scène IV de l'acte III. Ainsi s'édifie le monde racinien, qui est par essence un monde sans pitié. Cependant, la passion des héros ne nous paraît jamais si bouleversante que lorsqu'ils se trahissent en un cri involontaire. L'écran de la langue classique est soudain crevé par la haine ou par l'amour remontant des abîmes obscurs : *Ah! je ne croyais pas qu'il fût si près d'ici* (vers 476) ou : *Mais, Seigneur, cependant, s'il épouse Andromaque?* (vers 570). Il faut constater que, dans ce cas encore, la langue est prosaïque, le style familier. La vérité paraît d'autant plus vraie qu'elle est sans ornement. Tout se passe comme si Racine avait été obligé de rejeter la langue poétique de son temps pour atteindre la poésie. Remarquons aussi que ces personnages dont le cœur dément la bouche à tous moments, comme l'avoue Hermione, ne sont pas plus maîtres de leurs paroles que de leurs actes et que le tragique contamine jusqu'à leur discours.

Restait à mettre ces passions incoercibles en jeu dans une situation à laquelle il n'y a pas d'issue. Pour Racine, cette situation consiste à aimer sans être aimé. Il n'y a dans notre tragédie que des amours malheureuses. Encore faut-il que l'amour non partagé n'apporte aucune joie intime. Oreste, qui est décidément un peu différent des trois autres, tire un âcre plaisir de son sort. Il préfigure l'Antiochus de *Bérénice*, mais ce dernier sera plus subtilement conçu, car il goûtera sans fiel la mélancolie d'aimer sans espoir. Oreste et Antiochus, tout en comptant au nombre des héros, sont un peu en retrait par rapport au couple principal. Nous avons essayé de montrer qu'Oreste avait été imaginé comme une sorte de satellite de la femme dont il est épris. Il n'en est pas de même pour Pyrrhus et pour Hermione. Ce sont des êtres en qui l'amour est pur appétit de possession et surtout des êtres pour qui rencontrer un obstacle à leur désir est une souffrance insupportable et un scandale. Ces deux traits de caractère sont liés et viennent en chacun des personnages d'une même origine. Hermione est très jeune. Mais, dans le cas de Pyrrhus, il y a une autre raison. François Mauriac a montré que dès *Andromaque* Racine avait découvert une situation sur laquelle un courtisan de Louis XIV avait tout loisir de méditer, celle du souverain absolu qui se heurte pour la première fois à un refus humain contre lequel la contrainte humaine est impuissante : l'indifférence de la femme qu'il aime d'amour. Le monarque s'engage d'autant plus dans cette épreuve de force que, comme pour affirmer son jeune bon plaisir envers et contre tout, il a choisi une prisonnière de guerre (Pyrrhus) ou la fiancée de son frère (Néron) ou une étrangère (Mithridate). Le roi qui aime sans être payé de retour est pour Racine le héros tragique par excellence. Une femme aussi peut jouer ce personnage si le monarque, en partant pour l'armée, lui a confié le pouvoir : ce sera Roxane. Pyrrhus ne distingue pas bien entre « posséder » et « émouvoir »; on sait que Néron ne s'intéressera pas à cette nuance; tandis que Roxane et Mithridate, qui ont mesuré toute la distance entre la résignation de leur proie et son amour, feront payer à Bajazet et à Monime, avec une férocité lucide, leur refus de se laisser séduire par qui détient sur eux le pouvoir suprême. Au temps où il composait *Andromaque*, Racine, semble-t-il, n'avait pas envisagé cette situation tragique dans toute sa rigueur, puisque Pyrrhus se contente de mener à l'autel une Andromaque qui le suit « sans joie et sans murmure », et puisque, dans le premier texte de la tragédie, Andromaque avouait, après la mort de Pyrrhus, que le fils d'Achille lui avait presque fait oublier Hector. Racine a supprimé ce passage qui atténuait le tragique de sa pièce. Devant le poème tel qu'il est maintenant, rien ne nous empêche de croire la Troyenne quand elle proclame sa répulsion pour l'homme qui a mis sa patrie à feu et à sang et dont le père lui a tué un mari tendrement aimé. C'est un sentiment assez naturel. Pendant tout le temps que dure la crise, Pyrrhus est donc figé dans une vaine tension de toutes les forces de son âme, et seule la mort lui apportera le repos.

Racine a gagné cette gageure de créer un tragique qui ne fait pas appel à des ressorts autres que les ressorts humains. Les héros rencontrent des résistances qu'aucune force humaine ne peut vaincre. Et pourtant, tout se passe en ce monde entre des hommes et des femmes tous absolument égaux dans leur condition d'enfants de la Terre. Il n'y a pas les forts et les faibles, les bourreaux et les victimes, les bons et les méchants. Pyrrhus ne possède aucun pouvoir surnaturel; il est le bourreau d'Andromaque, mais il souffre; et il n'est pas un mauvais homme : il est seulement un jeune prince que la douleur rend furieux. *Andromaque* est la première d'une série de cinq tragédies, jusqu'à *Mithridate*, rigoureusement profanes.

LE POÈME DRAMATIQUE

La pièce n'est pas faite de dialogues réels et ne saurait l'être. Les romantiques ont obscurci la question de l'expression dramatique au point que nous voudrions trouver des conversations dans un poème. Il est vrai qu'en lisant Saint-Simon, on se demande parfois si les gens du XVIIᵉ siècle ne discutaient pas par de longues tirades où chacun déduit ses raisons et que l'interlocuteur réfute ensuite point par point; peut-être, en 1667, l'entrevue de Pyrrhus et d'Oreste, à l'acte premier, avait-elle l'air vraie. Mais le dialogue du théâtre classique est stylisé. Nous n'y entendons pas les balbutiements de l'émotion, les silences significatifs de l'amour ou de la haine, les exclamations de la surprise. Tout n'est que vers harmonieux et que discours composés. C'est la règle du jeu. Si une tragédie est un poème, les classiques en tirent les dernières conséquences : ils s'interdisent tout autre mode d'expression que les mots et l'ordre selon lequel ils sont arrangés. On peut voir que le texte de nos tragédies ne comporte aucune indication de mise en scène, de geste ou de jeu de physionomie. Les paroles doivent se suffire à elles-mêmes. Et comme, au XVIIᵉ siècle, on ne doute pas de l'efficacité du langage, le poème doit tout dire : ce qu'on exprime dans la réalité par des cris et des silences, et jusqu'aux mouvements les plus secrets de l'âme. Il faut aller plus loin. La tragédie est uniquement et purement un poème; elle n'est pas une figuration, une contrefaçon des actions des hommes. Donner un coup de poignard, faire boire à autrui une coupe de poison, si l'on ne considère que les gestes, ce sont des accidents qui ne signifient rien. Le poème a pour dessein d'amener le lecteur ou le spectateur à découvrir le sens humain de ces événements, leur tragique. Pourquoi alors mettre sur la scène une pauvre image de la réalité, à grand renfort de carton et de toile peinte. Nous verrons mourir Mithridate et Phèdre; en 1667, Racine ne juge pas utile de nous montrer la mort de Pyrrhus et d'Hermione. Seule compte l' « explication » de l'action matérielle. Or, dans la réalité, nos décisions d'agir mûrissent et cheminent loin des paroles, loin des régions claires de notre âme. C'est justement ce cheminement obscur que le poète a choisi d'exposer. Ainsi deviennent nécessaires les monologues et les confidents, monologues et confidents qu'on ne saurait lui reprocher. La tragédie est un poème dialogué que déclament dans un décor somptueux des récitants richement costumés. La représentation en est la célébration d'une fête poétique.

Confidents ridicules, héros qui parlent au lieu d'agir, vérité historique des personnages, sensibilité de Jean Racine, représentation des hommes tels qu'ils sont, les reproches et les éloges qu'on peut faire sur ces divers points ne paraissent pas être tout à fait de saison. Au commencement, il y avait le tragique et la nécessité d'écrire une tragédie selon les lois du genre et avec les moyens du temps. Racine bâtit alors son œuvre avec une rigueur absolue. Tout est nécessaire dans *Andromaque*, rien ne pourrait être autrement qu'il n'est. Le spectateur jouit d'un des plus vifs plaisirs esthétiques, celui que donne le sentiment de la plénitude et de l'achèvement. Mais, plus profondément, cet agencement serré, ce tissu de liens nécessaires entre les divers éléments du poème, ce réseau logique qui permet d'expliquer, par exemple, la prépondérance de l'amour passion, aussi bien à partir de l'unité de temps qu'à partir d'un tragique exempt de surnaturel, cet art sans fantaisie, en un mot, introduit le spectateur dans un monde étouffant, accablant, essentiellement le monde de la tragédie. Dès le moment où nous sommes entrés dans le jeu, nous ne nous reconnaissons peut-être pas en Pyrrhus, en Oreste, ou en Hermione, mais, devant eux, nous sommes pris de vertige : comme eux, nous deviendrions des fous et des meurtriers si, pendant un instant, nous n'acceptions pas qu'autrui fît obstacle à nos désirs. Grande leçon pour une éducation sentimentale.

Andromaque est une des plus belles tragédies de Racine. Nous y trouvons le poème racinien déjà épanoui dans sa maturité. Jusqu'à *Iphigénie*, l'artiste n'apportera que des perfectionnements. Il abandonnera l'engrenage trop rigide d'amours non partagées par lequel *Andromaque* risque de faire sourire. A partir de *Britannicus*, il donnera plus de mouvement à son drame en situant dans le déroulement même de la pièce le moment où le prince découvre qu'il n'est pas aimé. Surtout, l'univers tragique prendra une dimension nouvelle quand apparaîtra le courtisan, Narcisse ou Acomat, qui tâche de mener sa politique et son ambition dans les tempêtes sentimentales de ses maîtres. Mais il faut attendre *Phèdre* pour trouver une autre tragédie, celle de la culpabilité et du remords. Quels que soient les défauts d'*Andromaque*, Racine, en l'écrivant, a dû ressentir le bonheur de la découverte, quand les diverses aspirations du poète, au lieu de se contrarier, s'ajustent entre elles et s'harmonisent enfin pour la première fois. Nous percevons encore, après trois siècles, cette grâce donnée à *Andromaque*.

Notre texte est celui de l'édition de 1697, avec une orthographe rajeunie.

FRONTISPICE DE L'ÉDITION DE 1676

Gravure de Chauveau.

« Après cela, Seigneur, je ne vous retiens plus. » (Vers 247.)

LE GRAND ACTEUR MICHEL BARON (1653-1729)
DANS LE RÔLE DE PYRRHUS

LEXIQUE DU VOCABULAIRE DE RACINE

Nous avons réuni ici un certain nombre de mots du vocabulaire psychologique et moral employés dans Andromaque. Qu'ils aient dans la langue de Racine un sens différent du sens actuel ou qu'ils aient déjà la même signification qu'aujourd'hui, ces termes peuvent également, par leur fréquence, donner des indications sur les passions et les sentiments dominants de la tragédie. Les mots du lexique sont suivis d'un astérisque dans le texte.

Alarmes : Toujours employé au pluriel : inquiétude ou émotion causée par un danger soudain. (Vers 13, 49, 265, 401, 525, 1125, 1401.)

Charmant : Qui ensorcelle. (Vers 259, 854.)

Charme : Attraits irrésistibles, résultant d'une sorte de pouvoir magique; pris le plus souvent au pluriel. (Vers 31, 50, 77, 124, 130, 303, 351, 402, 450, 533, 673, 739, 862.)

Coup : Toute action violente, que ce soit un crime ou un haut fait; ce sens est très visible au vers 147. (Vers 147, 212, 239, 280, 503, 730, 801, 836, 1297, 1340, 1405, 1551.)

Courroux : Colère. (Vers 3, 51, 213, 311, 532, 613, 627, 659, 723, 747, 777, 780, 833, 874, 883, 923, 1059, 1087, 1199, 1203, 1303, 1417, 1467.)

Cruauté : Manifestation d'indifférence de la part de la personne aimée envers la personne qui l'aime. (Vers 292, 507, 643.) — Sens plus général au vers 214.

Cruel, cruelle : Qui, par son indifférence, inflige des souffrances à la personne qui l'aime. (Vers 141, 322, 427, 556, 740, 763, 825, 887, 1356, 1366, 1397, 1556.) — A ce sens galant se superpose quelquefois le sens propre. (Vers 19, 211, 275, 322, 359, 504, 863, 997, 1034, 1131, 1539.)

Déplaisir : Peine violente, angoisse. (Vers 81, 451.)

Destin : Puissance qui détermine la condition des hommes sans qu'intervienne leur volonté. (Vers 22, 25, 98, 603, 734, 1167.) — Avenir que le destin réserve à l'homme. (Vers 200, 383, 482, 516, 539.)

Ennui : Chagrin violent, désespoir. (Vers 44, 256, 376, 396, 427, 524, 835, 1139, 1403.)

Fers, toujours employé au pluriel dans ces sens figurés : symbole de la captivité (vers 203, 931) ; symbole des liens de l'amour (vers 32, 1351). Racine peut jouer sur ces deux sens. (Vers 319, 348.)

Feu : Passion amoureuse, métaphore du langage galant (vers 86, 95, 108, 251, 320, 468, 553, 576) ; en général au pluriel, sauf au vers 574. Sur le jeu entre le sens propre et le sens figuré, voir vers 320 et vers 574-576.

Funeste, sens très général et assez faible. Cet adjectif s'applique à tout ce qui est triste, effrayant ou simplement défavorable. (Vers 5, 45, 153, 389, 481, 505, 537, 834, 1093, 1141, 1249, 1297, 1417, 1498.) *Funeste* rime souvent avec *Oreste.*

Fureur : Manifestation délirante de la colère ou de la douleur ; la différence entre *fureur* et *transport* est très visible au vers 368. (Vers 11, 47, 368, 418, 488, 709, 726, 1061, 1229, 1388, 1535, 1573, 1641.)

Haine : Tout sentiment qui s'oppose à l'amitié et à l'amour et qui va de la simple indifférence à l'hostilité et à la répulsion. (Vers 54, 87, 110, 138, 231, 341, 518, 561, 569, 580, 663, 678, 694, 777, 921, 945, 951, 962, 1030, 1058, 1088, 1124, 1173, 1186, 1225, 1268, 1617.)

Haïr : Eprouver pour une personne un sentiment qui va de la simple indifférence à l'hostilité et à la répulsion. (Vers 122, 312, 364, 368, 412, 413, 416, 540, 544, 549, 573, 686, 798, 917, 922, 956, 1030, 1192, 1396, 1439.)

Infidèle : Qui ne tient pas ses engagements. (Vers 421, 515, 810, 1077, 1094, 1230, 1350, 1494, 1515.)

Infidélité : Absence de respect pour les engagements pris (vers 1447, 1496). Action qui témoigne de ce manque de respect (vers 1359).

Ingrat, ingrate : Celui, celle qui ne paie pas de retour l'amour qu'on lui voue. (Vers 85, 372, 399, 436, 440, 657, 685, 727, 738, 748, 768, 802, 1193, 1247, 1267, 1368, 1417, 1441, 1446, 1575, 1581, 1643.)

Ingratitude : Indifférence sentimentale de celui, de celle, qui ne paie pas de retour l'amour qu'on lui voue. (Vers 393, 969.)

Mépris, le plus souvent au pluriel : Attitude de celui ou de celle qui rebute la personne qui l'aime. (Vers 52, 130, 370, 400, 552, 682, 921, 1131.)

Mépriser : Ne point éprouver d'amour pour. (Vers 550, 556, 559, 560, 1224.) — *Mépriser* et *haïr* sont parfois employés indifféremment.

Œil : Voir **Yeux.**

Perfide : Qui montre une absence de respect pour les engagements pris. (Vers 691, 1375, 1409, 1414, 1458, 1533.)

Rigueur : Indifférence, froideur devant l'amour d'autrui. (Vers 55, 127, 307, 459, 521.)

Sang : Synonyme de *race*. (Vers 69, 152, 246, 1122.) On trouve aussi le sens intermédiaire de *sang propre à une race* (vers 232, 314, 1027).

Soin : Le fait de veiller sur quelqu'un ou sur quelque chose, ou sur la réalisation d'une action; en ce sens, au singulier et suivi d'un complément amené par de. (Vers 30, 244, 1060, 1080, 1183, 1238, 1482, 1553, 1615.) — Ensemble d'actions qui concourent à la réalisation d'un projet; toujours au pluriel. (Vers 310, 379, 506, 511, 767, 805, 879, 944.) — Souci, préoccupation absorbante; au singulier et au pluriel. (Vers 62, 174, 195, 501, 1457.) — Marques de dévouement et d'affection, en particulier au sens galant de prévenances d'un amoureux; toujours au pluriel. (Vers 166, 321, 919, 1103, 1252, 1559.)

Transport : Tout état violent consécutif à une forte émotion, exaltation ou abattement. (Vers 54, 84, 300, 509, 719, 850, 1394, 1646.) En particulier, état d'exaltation dû à l'amour. (Vers 84, 300, 368, 1055, 1457, 1505.)

Triste : Funeste, appliqué à une chose. (Vers 16, 301, 519, 832.) — Sombre, farouche, appliqué à une personne (vers 478).

Vœux : Toujours employé au pluriel. Sauf au vers 538, où *vœux* a le sens général de *souhaits*, le mot a le sens galant de manifestations du désir de plaire ou de l'amour, qui n'est encore qu'un désir de plaire. (Vers 5, 35, 117, 345, 365, 707, 809, 1196, 1357, 1431.)

Yeux : Un seul emploi du singulier, au vers 1291. Un seul emploi où la personne désignée n'est pas la personne aimée, au vers 626. Synecdoque traditionnelle par laquelle est désignée la femme aimée, toutefois en tant qu'elle voit, qu'elle pleure. (Vers 303, 315, 554, 763, 1146, 1291, 1292, 1479.) — La femme aimée sans aucune évocation de l'organe de la vue. (Vers 240, 568, 815, 817, 885, 892, 1151, 1370.)

ÉPÎTRE DÉDICATOIRE

A MADAME[1]

MADAME,

Ce n'est pas sans sujet que je mets votre illustre nom à la tête de cet ouvrage. Et de quel autre nom pourrais-je éblouir les yeux de mes lecteurs que de celui dont mes spectateurs ont été si heureusement éblouis? On savait que VOTRE ALTESSE ROYALE avait daigné prendre soin de la conduite de ma tragédie; on savait que vous m'aviez prêté quelques-unes de vos lumières pour y ajouter de nouveaux ornements; on savait enfin que vous l'aviez honorée de quelques larmes dès la première lecture que je vous en fis. Pardonnez-moi, MADAME, si j'ose me vanter de cet heureux commencement de sa destinée. Il me console bien glorieusement de la dureté de ceux qui ne voudraient pas s'en laisser toucher. Je leur permets de condamner l'*Andromaque* tant qu'ils voudront, pourvu qu'il me soit permis d'appeler de toutes les subtilités de leur esprit au cœur de VOTRE ALTESSE ROYALE.

Mais, MADAME, ce n'est pas seulement du cœur que vous jugez de la bonté d'un ouvrage, c'est avec une intelligence qu'aucune fausse lueur ne saurait tromper. Pouvons-nous mettre sur la scène une histoire que vous ne possédiez aussi bien que nous? Pouvons-nous faire jouer une intrigue dont vous ne pénétriez tous les ressorts? Et pouvons-nous concevoir des sentiments si nobles et si délicats qui ne soient infiniment au-dessous de la noblesse et de la délicatesse de vos pensées?

On sait, MADAME, et VOTRE ALTESSE ROYALE a beau s'en cacher, que, dans ce haut degré de gloire où la nature et la fortune ont pris plaisir de vous élever, vous ne dédaignez pas cette gloire obscure

---

1. Henriette-Anne Stuart, dite « Henriette d'Angleterre », duchesse d'Orléans (1644-1670). Elle était fille de Charles Ier, roi d'Angleterre et d'Écosse, et devint la belle-sœur de Louis XIV en 1661. Elle avait le goût des choses de l'esprit, aimait et protégeait les Lettres. Bossuet prononça son oraison funèbre.

que les gens de lettres s'étaient réservée. Et il semble que vous ayez voulu avoir autant d'avantage sur notre sexe, par les connaissances et par la solidité de votre esprit, que vous excellez dans le vôtre par toutes les grâces[1] qui vous environnent. La cour vous regarde comme l'arbitre de tout ce qui se fait d'agréable. Et nous, qui travaillons pour plaire au public, nous n'avons plus que faire de demander aux savants si nous travaillons selon les règles. La règle souveraine est de plaire à Votre Altesse Royale (1).

Voilà, sans doute, la moindre de vos excellentes qualités. Mais, Madame, c'est la seule dont j'ai pu parler avec quelque connaissance : les autres sont trop élevées au-dessus de moi. Je n'en puis parler sans les rabaisser par la faiblesse de mes pensées, et sans sortir de la profonde vénération avec laquelle je suis,

Madame,

de Votre Altesse Royale,

Le très humble, très obéissant
et très fidèle serviteur,

RACINE.

---

1. « Elle possédait au souverain degré le don de plaire et ce qu'on appelle grâces. »
(Mme de La Fayette.)

— QUESTIONS —

● 1. Montrez que cette épître est très méprisante pour les adversaires de Racine et qu'elle est habile parce qu'on craindra d'attaquer Madame en attaquant le dramaturge.

PREMIÈRE PRÉFACE
(1668 et 1673)

Virgile, au troisième [livre] de *l'Enéide* : c'est Énée qui parle :

> Littoraque Epiri legimus, portuque subimus
> Chaonio, et celsam Buthroti ascendimus urbem[1]...
> Solemnes tum forte dapes et tristia dona[2]...
> Libabat cineri Andromache, Manesque vocabat
> Hectoreum ad tumulum, viridi quem cespite inanem,
> Et geminas, causam lacrymis, sacraverat aras[3]...
> Dejecit vultum, et demissa voce locuta est :
> « O felix una ante alias Priameïa virgo,
> Hostilem ad tumulum, Trojae sub mœnibus altis,
> Jussa mori! quae sortitus non pertulit ullos,
> Nec victoris heri tetigit captiva cubile!
> Nos, patria incensa, diversa per aequora vectae,
> Stirpis Achilleae fastus juvenemque superbum,
> Servitio enixae, tulimus, qui deinde secutus
> Ledaeam Hermionem, Lacedaemoniosque hymenaeos...
> Ast illum, ereptae magno inflammatus amore
> Conjugis, et scelerum Furiis agitatus, Orestes
> Excipit incautum, patriasque obtruncat ad aras[4]. »

Voilà, en peu de vers, tout le sujet de cette tragédie. Voilà le lieu de la scène, l'action qui s'y passe, les quatre principaux acteurs, et même leurs caractères. Excepté celui d'Hermione, dont la jalousie et les emportements sont assez marqués dans l'*Andromaque* d'Euripide[5].

Mais véritablement mes personnages sont si fameux dans l'antiquité que, pour peu qu'on la connaisse, on verra fort bien que je les ai rendus tels que les anciens poètes nous les ont donnés. Aussi n'ai-je pas pensé qu'il me fût permis de rien changer à leurs mœurs. Toute la liberté que j'ai prise, ç'a été d'adoucir un peu la férocité de Pyrrhus, que Sénèque, dans sa *Troade*[6], et Virgile, dans le second [livre] de *l'Enéide*[7], ont poussée beaucoup plus loin que je n'ai cru le devoir faire.

---

1. Vers 292 et 293; 2. Vers 301; 3. Vers 303 à 305; 4. Vers 320 à 332. Voir la traduction de ce passage dans la Documentation thématique; 5. Voir la Documentation thématique; 6. Le vrai titre de la tragédie de Sénèque était plutôt *Troades*, « les Troyennes »; 7. Voir la Documentation thématique.

Encore s'est-il trouvé des gens qui se sont plaints qu'il s'emportât contre Andromaque[1], et qu'il voulût épouser cette captive à quelque prix que ce fût. J'avoue qu'il n'est pas assez résigné à la volonté de sa maîtresse, et que Céladon[2] a mieux connu que lui le parfait amour. Mais que faire ? Pyrrhus n'avait pas lu nos romans. Il était violent de son naturel. Et tous les héros ne sont pas faits pour être des Céladons **(1)**.

Quoi qu'il en soit, le public m'a été trop favorable pour m'embarrasser[3] du chagrin[4] particulier de deux ou trois personnes qui voudraient qu'on réformât tous les héros de l'antiquité pour en faire des héros parfaits. Je trouve leur intention fort bonne de vouloir qu'on ne mette sur la scène que des hommes impeccables. Mais je les prie de se souvenir que ce n'est pas à moi de changer les règles du théâtre. Horace nous recommande de dépeindre Achille farouche, inexorable, violent[5], tel qu'il était, et tel qu'on dépeint son fils. Et Aristote, bien éloigné de nous demander des héros parfaits, veut au contraire que les personnages tragiques, c'est-à-dire ceux dont le malheur fait la catastrophe de la tragédie, ne soient ni tout à fait bons ni tout à fait méchants[6]. Il ne veut pas qu'ils soient extrêmement bons, parce que la punition d'un homme de bien exciterait plutôt l'indignation que la pitié du spectateur ; ni qu'ils soient méchants avec excès, parce qu'on n'a point pitié d'un scélérat. Il faut donc qu'ils aient une bonté médiocre[7], c'est-à-dire une vertu capable de faiblesse, et qu'ils tombent dans le malheur par quelque faute qui les fasse plaindre sans les faire détester **(2)**.

---

1. Allusion possible au prince de Condé, à qui, au dire de Louis Racine, « le personnage de Pyrrhus parut trop violent et trop emporté » ; 2. Berger, du roman de *l'Astrée*, d'Honoré d'Urfé, type du galant exagéré ; 3. Pour que je m'embarrasse ; 4. Mauvaise humeur, mécontentement (sens ordinaire au xviie s.) ; 5. Horace, *Art poétique* (vers 120-122) : « S'il vous arrive de remettre au théâtre Achille si souvent célébré, qu'il soit infatigable, irascible, inexorable, ardent, qu'il nie que les lois soient faites pour lui et n'adjuge rien qu'aux armes » (trad. Fr. Villeneuve, *Les Belles Lettres*) ; 6. Aristote, *Poétique*, chap. xiii ; 7. Moyenne (sans idée défavorable, sens latin).

--- **QUESTIONS** ---

● **1.** Est-il vrai que Racine n'a pas changé les héros de la légende ?
● **2.** Sur combien de points Racine présente-t-il la défense de sa tragédie ?

SECONDE PRÉFACE

(1676)

Virgile, au troisième [livre] de *l'Enéide* : c'est Énée qui parle :

> Littoraque Epiri legimus, portuque subimus [...]
> Excipit incautum, patriasque obtruncat ad aras[1]. »

Voilà, en peu de vers, tout le sujet de cette tragédie. Voilà le lieu de la scène, l'action qui s'y passe, les quatre principaux acteurs, et même leurs caractères. Excepté celui d'Hermione dont la jalousie et les emportements sont assez marqués dans l'*Andromaque* d'Euripide.

C'est presque la seule chose que j'emprunte ici de cet auteur[2]. Car, quoique ma tragédie porte le même nom que la sienne, le sujet en est pourtant très différent. Andromaque, dans Euripide, craint pour la vie de Molossus, qui est un fils qu'elle a eu de Pyrrhus, et qu'Hermione veut faire mourir avec sa mère. Mais ici il ne s'agit point de Molossus. Andromaque ne connaît point d'autre mari qu'Hector, ni d'autre fils qu'Astyanax. J'ai cru en cela me conformer à l'idée que nous avons maintenant de cette princesse. La plupart de ceux qui ont entendu parler d'Andromaque ne la connaissent guère que pour la veuve d'Hector et pour la mère d'Astyanax. On en croit point qu'elle doive aimer ni un autre mari ni un autre fils. Et je doute que les larmes d'Andromaque eussent fait sur l'esprit de mes spectateurs l'impression qu'elles y ont faite, si elles avaient coulé pour un autre fils que celui qu'elle avait d'Hector.

Il est vrai que j'ai été obligé de faire vivre Astyanax un peu plus qu'il n'a vécu; mais j'écris dans un pays où cette liberté ne pouvait pas être mal reçue. Car, sans parler de Ronsard, qui a choisi

---

1. Même texte que dans la première Préface, p. 29. Voir la traduction du passage dans la Documentation thématique; 2. Voir la Documentation thématique.

ce même Astyanax pour le héros de sa *Franciade*[1], qui ne sait que l'on fait descendre nos anciens rois de ce fils d'Hector, et que nos vieilles chroniques sauvent la vie à ce prince, après la désolation[2] de son pays, pour en faire le fondateur de notre monarchie?

Combien Euripide a-t-il été plus hardi dans sa tragédie d'*Hélène*! Il y choque ouvertement la créance[3] commune de toute la Grèce. Il suppose qu'Hélène n'a jamais mis le pied dans Troie; et qu'après l'embrasement de cette ville, Ménélas trouve sa femme en Égypte, dont elle n'était point partie. Tout cela fondé sur une opinion qui n'était reçue que parmi les Égyptiens, comme on le peut voir dans Hérodote[4] (1).

Je ne crois pas que j'eusse besoin de cet exemple d'Euripide pour justifier le peu de liberté que j'ai prise. Car il y a bien de la différence entre détruire le principal fondement d'une fable et en altérer quelques incidents, qui changent presque de face dans toutes les mains qui les traitent. Ainsi Achille, selon la plupart des poètes, ne peut être blessé qu'au talon, quoique Homère le fasse blesser au bras[5], et ne le croit invulnérable en aucune partie de son corps. Ainsi Sophocle fait mourir Jocaste aussitôt après la reconnaissance d'Œdipe[6], tout au contraire d'Euripide qui la fait vivre jusqu'au combat et à la mort de ses deux fils[7]. Et c'est à propos de quelque contrariété[8] de cette nature qu'un ancien commentateur de Sophocle remarque fort bien[9] « qu'il ne faut point s'amuser à chicaner les poètes pour quelques changements qu'ils ont pu faire dans la fable; mais qu'il faut s'attacher à considérer l'excellent usage qu'ils ont fait de ces changements, et la manière ingénieuse dont ils ont su accommoder la fable à leur sujet » (2).

----

1. Poème épique (1572). Francus, le héros du poème de Ronsard, n'est autre qu'Astyanax, miraculeusement sauvé par Jupiter; le poète en avait trouvé l'idée dans *les Chroniques de France ou Chroniques de Saint-Denis, depuis les Troyens, jusqu'à la mort de Charles VI* (1476); 2. Dévastation, ruine (lat. *desolare*, dépeupler, ravager); 3. Doublet de *croyance* (les deux mots se prononçaient de la même façon); 4. Livre II, chap. 113-115; 5. *L'Iliade*, chant XXI, vers 167; 6. Après la troisième scène du quatrième acte d'*Œdipe roi*; 7. Voyez le dernier acte des *Phéniciennes*; 8. Contradictions; 9. Le philologue allemand Camerarius (XVIᵉ s.), dans son commentaire *Sophoclès Electra*.

● 1. Comparez à la première partie de la Préface de 1668. Racine a-t-il changé de point de vue sur sa tragédie?
● 2. Le ton a changé entre 1668 et 1676. Montrez qu'il est visible qu'entre-temps la notoriété est venue à Racine.

« Il demanda son fils et le prit dans ses bras. » (Vers 1020.)

Biscuit de Sèvres du XVIII⁰ siècle. La tragédie de Racine avait contribué
à populariser cette scène des adieux d'Hector et d'Andromaque.

ANDROMAQUE	veuve d'Hector, captive de Pyrrhus.
PYRRHUS	fils d'Achille, roi d'Épire.
ORESTE	fils d'Agamemnon.
HERMIONE	fille d'Hélène, accordée avec Pyrrhus.
PYLADE	ami d'Oreste.
CLÉONE	confidente d'Hermione.
CÉPHISE	confidente d'Andromaque.
PHŒNIX	gouverneur d'Achille, et ensuite de Pyrrhus.

SUITE D'ORESTE.

LA SCÈNE EST À BUTHROTE, VILLE D'ÉPIRE, DANS UNE SALLE DU PALAIS DE PYRRHUS[2].

---

1. A la première représentation, la distribution était la suivante : Floridor jouait *Pyrrhus*; Montfleury, *Oreste*; Mlle Des Œillets, *Hermione*; Mlle Du Parc, *Andromaque*; 2. En 1680, le théâtre figurait un portique d'où l'on voyait au loin la mer et le port couvert de navires.

ANDROMAQUE

ACTE PREMIER

Scène première. — ORESTE, PYLADE.

ORESTE

Oui, puisque je retrouve un ami si fidèle,
Ma fortune va prendre une face nouvelle;
Et déjà son courroux* semble s'être adouci
Depuis qu'elle a pris soin de nous rejoindre¹ ici.
5 Qui l'eût dit qu'un rivage à mes vœux* si funeste*²
Présenterait d'abord³ Pylade aux yeux d'Oreste;
Qu'après plus de six mois que je t'avais perdu,
A la cour de Pyrrhus tu me serais rendu?

PYLADE

J'en rends grâces au ciel, qui, m'arrêtant sans cesse,
10 Semblait m'avoir fermé le chemin de la Grèce,
Depuis le jour fatal que⁴ la fureur* des eaux,
Presque aux yeux de l'Épire, écarta⁵ nos vaisseaux.
Combien, dans cet exil, ai-je souffert d'alarmes!*
Combien à vos malheurs ai-je donné de larmes,
15 Craignant toujours pour vous quelque nouveau danger
Que ma triste* amitié ne pouvait partager!
Surtout je redoutais cette mélancolie⁶
Où j'ai vu si longtemps votre âme ensevelie :

---

1. *Rejoindre* : réunir; **2.** Var. : *Qui n'eût dit qu'un rivage à mes yeux si funeste*
(1668-1687); **3.** Dès mon arrivée; **4.** Emploi courant au XVII° s. du relatif adverbial
que à la place de *où, dont, duquel, avec lequel,* etc.; **5.** Sépara, éloigna les uns des
autres; var. : *Presque aux yeux de Mycène écarta nos vaisseaux* (1668 et 1673);
6. *Mélancolie* : état morbide caractérisé par des accès de sombre tristesse, de dépres-
sion. Cette allusion annonce la folie d'Oreste, à la fin de la pièce.

QUESTIONS

● Vers 1-8. L'exposition : nom des personnages, lieu où l'on est,
rapport entre les deux personnages. Relevez les expressions qui contri-
buent à créer l'atmosphère tragique. — Connaissez-vous d'autres
tragédies de Racine qui commencent par *oui*? Quelle indication ce
premier mot comporte-t-il pour le metteur en scène? — Montrez que
le vers 8 rend vraisemblable toute cette scène d'exposition.

Je craignais que le ciel, par un cruel* secours,
20 Ne vous offrît la mort que vous cherchiez toujours.
Mais je vous vois, seigneur; et, si j'ose le dire,
Un destin* plus heureux vous conduit en Épire :
Le pompeux appareil¹ qui suit ici vos pas
N'est point d'un malheureux qui cherche le trépas.

ORESTE

25 Hélas! qui peut savoir le destin* qui m'amène?
L'amour me fait ici chercher une inhumaine² ;
Mais qui sait ce qu'il³ doit ordonner de mon sort,
Et si je viens chercher ou la vie ou la mort?

PYLADE

Quoi! votre âme à l'amour en esclave asservie
30 Se repose sur lui du soin* de votre vie?
Par quel charme*, oubliant tant de tourments soufferts,
Pouvez-vous consentir à rentrer dans ses fers* ?
Pensez-vous qu'Hermione, à Sparte inexorable,
Vous prépare en Épire un sort plus favorable?
35 Honteux d'avoir poussé⁴ tant de vœux* superflus,
Vous l'abhorriez; enfin⁵, vous ne m'en parliez plus :
Vous me trompiez, seigneur.

ORESTE

                              Je me trompais moi-même.
Ami, n'accable point⁶ un malheureux qui t'aime :
T'ai-je jamais caché mon cœur et mes désirs?
40 Tu vis naître ma flamme et mes premiers soupirs.

---

1. Tout ce qui sert à rehausser la fonction d'ambassadeur d'Oreste; 2. *Inhumaine* : terme du langage galant pour désigner une personne insensible à l'amour; 3. Le destin; 4. *Pousser* : exprimer avec passion; 5. Marque une rectification, en réponse à un geste de dénégation d'Oreste; 6. Var. : *Ami, n'insulte point...* (1668-1673).

─────── QUESTIONS ───────

● Vers 9-24. S'agit-il d'apprendre des faits au spectateur? ou de faire naître l'inquiétude? Montrez que, malgré les quatre derniers vers, les images du malheur dominent cette tirade.
● Vers 25-28. Pourquoi est-il question de l'amour dès le début du drame? — Montrez que, dans les vers 27-28, Oreste se définit lui-même comme un personnage tragique.
● Vers 29-37. Connaissez-vous d'autres personnages de Racine qui aiment pour la deuxième fois la même personne? — Que pense Pylade de l'amour d'Oreste? Montrez qu'il n'est pas seulement un confident et un ami, mais qu'il veut aider Oreste à prendre conscience de ses propres sentiments.

Enfin, quand Ménélas disposa de sa fille
En faveur de Pyrrhus, vengeur de sa famille[1],
Tu vis mon désespoir; et tu m'as vu depuis
Traîner de mers en mers ma chaîne et mes ennuis*.
45 Je te vis à regret, en cet état funeste*,
Prêt à suivre partout le déplorable Oreste,
Toujours de ma fureur* interrompre le cours,
Et de moi-même enfin me sauver tous les jours.
Mais quand je me souvins que, parmi tant d'alarmes*,
50 Hermione à Pyrrhus prodiguait tous ses charmes*,
Tu sais de quel courroux* mon cœur alors épris
Voulut en l'oubliant punir tous ses mépris*.
Je fis croire et je crus ma victoire certaine;
Je pris tous mes transports* pour des transports* de
haine*.
55 Détestant[2] ses rigueurs*, rabaissant ses attraits,
Je défiais ses yeux de me troubler jamais.
Voilà comme[3] je crus étouffer ma tendresse.
En ce calme trompeur j'arrivai dans la Grèce;
Et je trouvai d'abord ses princes rassemblés,
60 Qu'un péril assez grand semblait avoir troublés.
J'y courus. Je pensais que la guerre et la gloire
De soins* plus importants rempliraient ma mémoire;
Que, mes sens[4] reprenant leur première vigueur,
L'amour achèverait de sortir de mon cœur.
65 Mais admire avec moi le sort, dont la poursuite
Me fait courir alors au piège que j'évite[5].
J'entends de tous côtés qu'on menace Pyrrhus;
Toute la Grèce éclate en murmures[6] confus;
On se plaint qu'oubliant son sang* et sa promesse,

---

1. Par la destruction de Troie; 2. *Détester* : maudire; 3. Comment. Jusqu'à la fin du XVIIᵉ s., *comme* est accepté pour *comment* dans les propositions interrogatives indirectes; 4. Ce mot au pluriel a ici une signification générale : mon énergie, ma conscience; 5. Var. : *Me fait courir moi-même au piège que j'évite* (1668-1673); Subligny critiquait *moi-même* comme une cheville; 6. *Murmures* : clameur, bruit violent, sens plus fort qu'aujourd'hui.

--- **QUESTIONS** ---

● VERS 37-57. Est-ce que Pylade connaît les événements qui sont rappelés ici? Montrez que cette partie de la tirade d'Oreste est pourtant vraisemblable : quel sentiment pousse en effet Oreste à « faire l'histoire » de sa passion? Pourquoi insiste-t-il sur le caractère illusoire de la victoire qu'il a cru remporter sur lui-même? — Relevez dans ce passage les vers élégiaques : que laissent-ils transparaître de l'état d'âme d'Oreste?

70 Il élève en sa cour l'ennemi de la Grèce,
Astyanax, d'Hector jeune et malheureux fils,
Reste de tant de rois sous Troie ensevelis.
J'apprends que pour ravir son enfance au supplice
Andromaque trompa l'ingénieux Ulysse,
75 Tandis qu'un autre enfant, arraché de ses bras,
Sous le nom de son fils fut conduit au trépas.
On dit que, peu sensible aux charmes* d'Hermione,
Mon rival porte ailleurs son cœur et sa couronne.
Ménélas, sans le croire, en paraît affligé
80 Et se plaint d'un hymen si longtemps négligé.
Parmi les déplaisirs* où son âme se noie,
Il s'élève en la mienne une secrète joie.
Je triomphe; et pourtant je me flatte d'abord
Que la seule vengeance excite ce transport*.
85 Mais l'ingrate* en mon cœur reprit bientôt sa place.
De mes feux* mal éteints je reconnus la trace[1];
Je sentis que ma haine* allait finir son cours;
Ou plutôt je sentis que je l'aimais toujours.
Ainsi de tous les Grecs je brigue le suffrage.
90 On m'envoie à Pyrrhus, j'entreprends ce voyage.
Je viens voir si l'on peut arracher de ses bras
Cet enfant dont la vie alarme tant d'États.
Heureux si je pouvais, dans l'ardeur qui me presse,
Au lieu d'Astyanax, lui ravir ma princesse!
95 Car enfin n'attends pas que mes feux* redoublés
Des périls les plus grands puissent être troublés.
Puisqu'après tant d'efforts ma résistance est vaine,
Je me livre en aveugle au destin* qui m'entraîne[2];
J'aime : je viens chercher Hermione en ces lieux,
100 La fléchir, l'enlever, ou mourir à ses yeux.
Toi qui connais Pyrrhus, que penses-tu qu'il fasse?
Dans sa cour, dans son cœur, dis-moi ce qui se passe.

---

1. Ce vers est un souvenir de Virgile |*l'Enéide*, IV, 23| : *Agnosco veteris vestigia flammae*, « je reconnais les traces d'une ancienne flamme »; 2. Var. : *Je me livre en aveugle au transport qui m'entraîne* (1668-1687).

─────── **QUESTIONS** ───────

● VERS 58-88. Importance de ce passage pour l'exposition. L'épopée et l'élégie dans cette partie de la tirade. — Quelle justification Oreste trouve-t-il à sa conduite aux vers 65-66? — Qui a pu provoquer chez les Grecs (vers 68) l'indignation contre Pyrrhus (voir vers 445)?

Mon Hermione encor le tient-elle asservi?
Me rendra-t-il, Pylade, un bien qu'il m'a ravi?

PYLADE

105 Je vous abuserais, si j'osais vous promettre
Qu'entre vos mains, seigneur, il voulût la remettre :
Non que de sa conquête il paraisse flatté,
Pour la veuve d'Hector ses feux* ont éclaté;
Il l'aime : mais enfin cette veuve inhumaine[1]
110 N'a payé jusqu'ici son amour que de haine*;
Et chaque jour encor on lui voit tout tenter
Pour fléchir sa captive, ou pour l'épouvanter.
De son fils, qu'il lui cache, il menace la tête[2],
Et fait couler des pleurs, qu'aussitôt il arrête.
115 Hermione elle-même a vu plus de cent fois
Cet amant[3] irrité revenir sous ses lois,
Et, de ses vœux* troublés lui rapportant l'hommage,
Soupirer à ses pieds moins d'amour que de rage.
Ainsi n'attendez pas que l'on puisse aujourd'hui
120 Vous répondre d'un cœur si peu maître de lui :
Il peut, seigneur, il peut, dans ce désordre extrême,
Épouser ce qu'il hait* et punir ce qu'il aime.

ORESTE

Mais dis-moi de quel œil Hermione peut voir
Son hymen différé, ses charmes* sans pouvoir[4]?

PYLADE

125 Hermione, seigneur, au moins en apparence,
Semble de son amant dédaigner l'inconstance

---

1. Voir vers 26; **2.** Var. : *Il lui cache son fils, il menace sa tête* (1668-1687); équi-voque sur le possessif *sa*; **3.** *Amant* a toujours dans les tragédies le sens de « celui qui aime d'amour » ou de « prétendant agréé »; **4.** Var. : *Ses attraits offensés et ses yeux sans pouvoir* (1668-1673). Dans sa comédie, Subligny citait ainsi le vers précédent : *Mais dis-moi de quels yeux Hermione peut voir*, et le critiquait : « De *quels yeux* une personne peut voir *ses yeux*. Voilà une étrange expression! »

─────── ● QUESTIONS ───────

● Vers 89-104. Le changement de ton dès qu'Oreste se tourne vers le moment présent. Quelle est celle des trois unités que cette impatience d'Oreste va rendre vraisemblable? — Le vers 104 s'accorde-t-il bien avec les anciennes relations d'Oreste et d'Hermione telles que Racine les présente (vers 250 et 533-534)? ou bien Racine pense-t-il malgré lui à la légende selon laquelle Oreste aurait été le premier mari d'Hermione?
● Vers 105-122. Les habiletés de Racine : est-ce le même personnage qui est chargé de toute l'exposition? Par quel moyen est créée l'incerti-tude dramatique?

Et croit que, trop heureux de fléchir sa rigueur*,
Il la viendra presser de reprendre son cœur.
Mais je l'ai vue enfin me confier ses larmes :
130 Elle pleure en secret le mépris* de ses charmes*;
Toujours prête à partir, et demeurant toujours,
Quelquefois elle appelle Oreste à son secours.

ORESTE

Ah! si je le croyais, j'irais bientôt, Pylade,
Me jeter...

PYLADE

Achevez, seigneur, votre ambassade.
135 Vous attendez le Roi : parlez, et lui montrez[1]
Contre le fils d'Hector tous les Grecs conjurés.
Loin de leur accorder[2] ce fils de sa maîtresse[3],
Leur haine* ne fera qu'irriter[4] sa tendresse.
Plus on les veut brouiller, plus on va les unir.
140 Pressez, demandez tout, pour ne rien obtenir.
Il vient.

ORESTE

Eh bien! va donc disposer la cruelle*
A revoir un amant qui ne vient que pour elle.

---

1. Lorsque deux impératifs étaient liés par *et*, *ou*, *mais*, le pronom complément était placé devant le second verbe; 2. *Loin qu'il leur accorde*; au XVIIe s., dans une proposition circonstancielle à l'infinitif, le sujet de l'infinitif n'était pas nécessairement le même que celui de la principale; 3. *Maîtresse* : la maîtresse de son cœur, celle qui est aimée, sans que cette passion soit forcément partagée; 4. *Irriter* : rendre plus vive.

■ QUESTIONS

● VERS 122-133. A en croire Pylade, Hermione est-elle plus sûre que Pyrrhus de ses sentiments? Dans quelle mesure Pylade encourage-t-il cependant la passion d'Oreste?
● VERS 133-134. De quel genre serait le développement auquel Pylade coupe court?
● VERS 134-141. Montrez que ces vers justifient l'entrée en scène de Pyrrhus et avertissent le spectateur de prêter attention au jeu subtil qu'Oreste va jouer dans la scène suivante.

■ SUR L'ENSEMBLE DE LA SCÈNE PREMIÈRE. — Les qualités de l'exposition : rapidité, vraisemblance, naissance de l'inquiétude. Les événements nécessaires à connaître pour comprendre l'action sont-ils simples ou complexes?

— Comment cette scène entre Oreste et Pylade pose-t-elle les données de l'intrigue? Quels sont les sentiments réciproques des quatre principaux personnages (Oreste, Pyrrhus, Hermione, Andromaque)?

— Le rôle de Pylade : comment conçoit-il les devoirs de l'amitié?

Scène II. — PYRRHUS, ORESTE, PHŒNIX.

ORESTE

Avant que tous les Grecs vous parlent par ma voix,
Souffrez que j'ose ici me flatter de leur choix[1],
145 Et qu'à vos yeux, seigneur, je montre quelque joie
De voir le fils d'Achille et le vainqueur de Troie.
Oui, comme ses exploits nous admirons vos coups*.
Hector tomba sous lui, Troie expira sous vous;
Et vous avez montré, par une heureuse audace,
150 Que le fils seul d'Achille[2] a pu remplir sa place.
Mais, ce qu'il n'eût point fait, la Grèce avec douleur
Vous voit du sang* troyen relever le malheur,
Et, vous laissant toucher d'une pitié funeste*,
D'une guerre si longue entretenir le reste[3].
155 Ne vous souvient-il plus, seigneur, quel[4] fut Hector?
Nos peuples affaiblis s'en souviennent encor.
Son nom seul fait frémir nos veuves et nos filles,
Et dans toute la Grèce il n'est point de familles
Qui ne demandent compte à ce malheureux fils
160 D'un père ou d'un époux qu'Hector leur a ravis.
Et qui sait ce qu'un jour ce fils peut entreprendre?
Peut-être dans nos ports nous le verrons descendre,
Tel qu'on a vu son père, embraser nos vaisseaux[5]
Et, la flamme à la main, les suivre sur les eaux.
165 Oserai-je, seigneur, dire ce que je pense?
Vous-même de vos soins* craignez la récompense,
Et que[6] dans votre sein ce serpent élevé
Ne vous punisse un jour de l'avoir conservé.
Enfin de tous les Grecs satisfaites l'envie,
170 Assurez leur vengeance, assurez votre vie :
Perdez un ennemi d'autant plus dangereux
Qu'il s'essaiera sur vous à combattre contre eux.

---

1. Var. : *Souffrez que je me flatte en secret de leur choix* (1668-1673); Subligny avait critiqué *en secret*; 2. Que seul le fils d'Achille; 3. L'unique survivant; 4. De quelle qualité; 5. Dans Homère (*l'Iliade*, XVI), on voit Hector incendier le vaisseau de Protésilas; 6. Le même verbe pouvait avoir deux compléments de construction différente.

━━━ QUESTIONS ━━━

● Vers 143 à 172. La composition de la tirade : quelles en sont les trois parties? — Cherchez les formules de courtoisie ou de flatterie qui peuvent faire croire qu'Oreste veut faire réussir sa mission. — Quelles sont, en revanche, aux vers 151, 155, 166, 169, les formules destinées à blesser Pyrrhus?

PYRRHUS

La Grèce en ma faveur est trop inquiétée :
De soins* plus importants je l'ai crue agitée,
175 Seigneur ; et, sur le nom de son ambassadeur,
J'avais dans ses projets conçu plus de grandeur.
Qui croirait, en effet, qu'une telle entreprise
Du fils d'Agamemnon méritât l'entremise ;
Qu'un peuple tout entier, tant de fois triomphant,
180 N'eût daigné conspirer[1] que la mort d'un enfant ?
Mais à qui prétend-on que je le sacrifie ?
La Grèce a-t-elle encor quelque droit sur sa vie ?
Et seul de tous les Grecs ne m'est-il pas permis
D'ordonner[2] d'un captif que le sort[3] m'a soumis ?
185 Oui, seigneur, lorsqu'au pied des murs fumants de Troie
Les vainqueurs tout sanglants partagèrent leur proie,
Le sort, dont les arrêts furent alors suivis,
Fit tomber en mes mains Andromaque et son fils.
Hécube[4] près d'Ulysse acheva sa misère ;
190 Cassandre[5] dans Argos a suivi votre père ;
Sur eux, sur leurs captifs, ai-je étendu mes droits ?
Ai-je enfin disposé du fruit de leurs exploits ?
On craint qu'avec Hector Troie un jour ne renaisse :
Son fils peut me ravir le jour que je lui laisse.
195 Seigneur, tant de prudence entraîne trop de soin*.
Je ne sais point prévoir les malheurs de si loin.
Je songe quelle était autrefois cette ville
Si superbe[6] en remparts, en héros si fertile,
Maîtresse de l'Asie ; et je regarde enfin
200 Quel fut le sort de Troie et quel est son destin*.
Je ne vois que des tours que la cendre a couvertes,
Un fleuve[7] teint de sang, des campagnes désertes,

---

1. Bien qu'il soit employé le plus souvent intransitivement, *conspirer* pouvait être transitif et avoir le sens actuel de « tramer en commun » ; 2. *Ordonner* : disposer de ; 3. Le tirage au sort ; 4. *Hécube* : femme de Priam ; 5. *Cassandre* : fille de Priam ; 6. *Superbe* : qui s'élève haut vers le ciel ; 7. Le Scamandre.

QUESTIONS

● Vers 173-180. Montrez que ces vers répliquent exactement aux vers 143-150. Sur quel ton le roi répond-il à l'ambassadeur ? Pourquoi le « fils d'Agamemnon » (vers 178) et le « fils d'Achille » (vers 150) peuvent-ils éprouver l'un pour l'autre une antipathie héréditaire ?
● Vers 181-192. De quel ordre est ce premier argument ? Dans les rapports entre nations est-il, aujourd'hui encore, d'un grand poids ?

Un enfant dans les fers*; et je ne puis songer
Que Troie en cet état aspire à se venger.
205 Ah! si du fils d'Hector la perte était jurée,
Pourquoi d'un an entier l'avons-nous différée?
Dans le sein de Priam n'a-t-on pu[1] l'immoler?
Sous tant de morts, sous Troie, il fallait l'accabler.
Tout était juste alors : la vieillesse et l'enfance
210 En vain sur leur faiblesse appuyaient leur défense;
La victoire et la nuit, plus cruelles* que nous,
Nous excitaient au meurtre et confondaient nos coups*[2].
Mon courroux* aux vaincus ne fut que trop sévère.
Mais que ma cruauté* survive à ma colère!
215 Que, malgré la pitié dont je me sens saisir,
Dans le sang d'un enfant je me baigne à loisir[3]!
Non, seigneur; que les Grecs cherchent quelque autre
[proie;
Qu'ils poursuivent ailleurs ce qui reste de Troie.
De mes inimitiés le cours est achevé;
220 L'Épire sauvera ce que Troie a sauvé.

ORESTE

Seigneur, vous savez trop avec quel artifice
Un faux Astyanax fut offert au supplice[4]
Où le seul fils d'Hector devait[5] être conduit;
Ce n'est pas les Troyens, c'est Hector qu'on poursuit.
225 Oui, les Grecs sur le fils persécutent[6] le père;
Il a par trop de sang acheté leur colère.
Ce n'est que dans le sien qu'elle peut expirer;

---

1. N'aurait-on pu. Au XVIIe s., les auxiliaires *devoir, falloir, pouvoir, vouloir,* employés à un temps passé de l'indicatif et suivis d'un infinitif, avaient la valeur d'un conditionnel passé; 2. Souvenir des *Troyennes,* de Sénèque (vers 267-268 et vers 280-288); 3. Alors que j'ai le temps de réfléchir, de sang-froid; 4. La tradition la plus courante était qu'Astyanax avait été jeté du haut des murailles lors de la prise de Troie. Cependant, selon Denys d'Halicarnasse et Strabon, Astyanax aurait survécu; 5. Voir vers 207; 6. *Persécuter :* poursuivre.

━━━━ **QUESTIONS** ━━━━

● Vers 193-204. Deuxième argument. De quelle nature est-il? N'est-il pas le plus convaincant?
● Vers 205-216. Dernier argument. En politique internationale, il est à peu près sans valeur. Pourtant, Pyrrhus le fait passer en dernier lieu, comme s'il était le plus fort. Pourquoi?
● Vers 217-220. Conclusion. Montrez qu'elle contient une menace.

Et jusque dans l'Épire il les peut attirer :
Prévenez-les[1].

PYRRHUS

    Non, non. J'y consens avec joie :
230 Qu'ils cherchent dans l'Épire une seconde Troie;
Qu'ils confondent leur haine* et ne distinguent plus
Le sang* qui les fit vaincre et celui des vaincus.
Aussi bien ce n'est pas la première injustice
Dont la Grèce d'Achille a payé le service[2].
235 Hector en profita[3], seigneur; et quelque jour
Son fils en pourrait bien profiter à son tour.

ORESTE

Ainsi la Grèce en vous trouve un enfant rebelle?

PYRRHUS

Et je n'ai donc vaincu que pour dépendre d'elle?

ORESTE

Hermione, seigneur, arrêtera vos coups* :
240 Ses yeux* s'opposeront entre son père et vous.

PYRRHUS

Hermione, seigneur, peut m'être toujours chère;
Je puis l'aimer, sans être esclave de son père;
Et je saurai peut-être accorder quelque jour
Les soins* de ma grandeur et ceux de mon amour.
245 Vous pouvez cependant voir la fille d'Hélène :
Du sang* qui vous unit je sais l'étroite chaîne[4].

---

1. *Prévenir* : prendre les devants, devancer; 2. Allusion à l'injuste enlèvement, par Agamemnon, de Briséis, la captive d'Achille, ce qui détermina la colère du héros et motiva sa décision de ne plus prendre part aux combats; 3. Durant l'inaction d'Achille, Hector infligea de nombreuses défaites aux Grecs; 4. Hermione et Oreste étaient cousins germains, Ménélas et Agamemnon, leurs pères respectifs, étant frères.

━━━━━━ **QUESTIONS** ━━━━━━━━━━━━━━━━━━━━━━

● VERS 221-229. Les vers 221 et 222, si Pyrrhus aime Andromaque, doivent provoquer sa colère. Pourquoi? — Est-ce un argument nouveau que présente Oreste au vers 224? Le ton d'ultimatum et l'accusation à peine voilée de complicité peuvent-ils amener Pyrrhus à la conciliation?
● VERS 229-236. Racine n'a-t-il pas imaginé le personnage de Pyrrhus d'après l'Achille de *l'Iliade?*
● VERS 237-238. Ces querelles vers à vers, qui s'appellent des stichomythies, sont-elles aussi longues et aussi fréquentes chez Racine que chez Corneille? Quelle situation celle-ci met-elle en lumière?

Après cela, seigneur, je ne vous retiens plus.
Et vous pourrez aux Grecs annoncer mon refus.

Scène III. — PYRRHUS, PHŒNIX.

PHŒNIX

Ainsi vous l'envoyez aux pieds de sa maîtresse¹?

PYRRHUS

250 On dit qu'il a longtemps brûlé pour la princesse.

PHŒNIX

Mais si ce feu*, seigneur, vient à se rallumer?
S'il lui rendait son cœur, s'il s'en faisait aimer?

PYRRHUS

Ah! qu'ils s'aiment, Phœnix; j'y consens : qu'elle parte!
Que, charmés l'un de l'autre, ils retournent à Sparte :
255 Tous nos ports sont ouverts et pour elle et pour lui.
Qu'elle m'épargnerait de contrainte et d'ennui*!

PHŒNIX

Seigneur...

------

1. Voir vers 137 et la note.

------ QUESTIONS ------

● VERS 239-248. Est-il naturel que l'ambassadeur évoque en fin d'entretien le personnage d'Hermione? Quel est le vrai motif pour lequel Oreste en parle? L'habile réponse de Pyrrhus sur ce point.

■ SUR L'ENSEMBLE DE LA SCÈNE II. — L'importance de la politique dans cette scène. Le conflit diplomatique : Pyrrhus trahit-il l'alliance des Grecs, puisque cette alliance n'était conclue que jusqu'à la victoire sur Troie?
— L'ambassadeur de France à Rome, le duc de Créqui, trouvait qu'Oreste était un bien mauvais diplomate. Dans quelle mesure cette critique prouve-t-elle que cette entrevue d'un roi et d'un ambassadeur prenait une valeur « actuelle » pour les spectateurs?
— La composition de la scène : montrez la symétrie entre les propos d'Oreste et ceux de Pyrrhus. La force dramatique du dialogue : quels sont les conflits d'ordre personnel qui sous-tendent l'entretien « officiel » des deux personnages?
— L'action : montrez qu'Oreste et Pyrrhus croient chacun avoir pris l'avantage sur son adversaire. Ne se sont-ils pas, en fait, engagés dans une impasse?

PYRRHUS

Une autre fois je t'ouvrirai mon âme;
Andromaque paraît.

SCÈNE IV. — PYRRHUS, ANDROMAQUE, CÉPHISE.

PYRRHUS

Me cherchiez-vous, madame?
Un espoir si charmant* me serait-il permis[1]?

ANDROMAQUE

260 Je passais jusqu'aux lieux où l'on garde mon fils.
Puisqu'une fois le jour vous souffrez que je voie
Le seul bien qui me reste et d'Hector et de Troie,
J'allais, seigneur, pleurer un moment avec lui :
Je ne l'ai point encore embrassé d'aujourd'hui!

PYRRHUS

265 Ah! madame, les Grecs, si j'en crois leurs alarmes*,
Vous donneront bientôt d'autres sujets de larmes.

ANDROMAQUE

Et quelle est cette peur dont leur cœur est frappé,
Seigneur? Quelque Troyen vous est-il échappé?

PYRRHUS

Leur haine pour Hector n'est pas encore éteinte :
270 Ils redoutent son fils.

ANDROMAQUE

Digne objet de leur crainte!

---

1. Le premier hémistiche se trouve déjà dans *Alexandre* : « Ce que peut sur mon cœur un espoir si charmant » (vers 1168).

QUESTIONS

■ SUR LA SCÈNE III. — L'importance de cette scène pour préciser la situation; quel dénouement entrevoit Pyrrhus? De quel personnage tout dépend-il?

● VERS 258-259. Peut-on vraiment reprocher à Pyrrhus cette formule trop galante? La dit-il tout à fait sérieusement?

● VERS 260-264. Relevez tout ce qui peut rebuter Pyrrhus. L'expression élégiaque du sentiment maternel.

RACHEL (1821-1858) DANS LE RÔLE D'HERMIONE
Bibliothèque de l'Arsenal. Fonds Rondel.

Un enfant malheureux, qui ne sait point encor
Que Pyrrhus est son maître, et qu'il est fils d'Hector!

PYRRHUS

Tel qu'il est, tous les Grecs demandent qu'il périsse.
Le fils d'Agamemnon vient hâter son supplice.

ANDROMAQUE

275 Et vous prononcerez un arrêt si cruel*?
Est-ce mon intérêt[1] qui le rend criminel?
Hélas! on ne craint point qu'il venge un jour son père :
On craint qu'il n'essuyât[2] les larmes de sa mère.
Il m'aurait tenu lieu d'un père[3] et d'un époux;
280 Mais il me faut tout perdre, et toujours par vos coups*.

PYRRHUS

Madame, mes refus ont prévenu vos larmes.
Tous les Grecs m'ont déjà menacé de leurs armes;
Mais, dussent-ils encore, en repassant les eaux[4],
Demander votre fils avec mille vaisseaux,
285 Coûtât-il tout le sang qu'Hélène a fait répandre,
Dussé-je après dix ans voir mon palais en cendre,
Je ne balance point, je vole à son secours,
Je défendrai sa vie aux dépens de mes jours.
Mais, parmi ces périls où je cours pour vous plaire,
290 Me refuserez-vous un regard moins sévère?
Haï de tous les Grecs, pressé[5] de tous côtés,

---

1. Sens indécis : on peut comprendre « l'intérêt que je lui porte » ou « le fait que je suis mêlée à cette affaire, que cette affaire me concerne »; le premier sens semble le meilleur; 2. Au XVIIe s., l'imparfait du subjonctif se met souvent, avec le sens du conditionnel, dans la proposition subordonnée, même quand le verbe de la principale est au présent ou au futur; 3. Eétion, le père d'Andromaque, avait été tué par Achille; 4. Allusion à l'expédition contre Troie. L'Épire se trouve à l'ouest de la Thessalie, en bordure de la mer Ionienne; elle était plus accessible aux Grecs par mer que par terre; 5. *Pressé* : attaqué.

● **QUESTIONS** ●

● VERS 265-274. Comment Pyrrhus fait-il attendre à Andromaque l'énoncé précis de la menace qui pèse sur son fils? Pourquoi Andromaque feint-elle de ne pas se douter de ce que veulent les Grecs? Pourquoi dit-elle *vous* et non pas *leur* (vers 268)?
● VERS 275-280. Andromaque a-t-elle la réaction qu'attendait Pyrrhus? Pourquoi met-elle encore l'accent sur la responsabilité de Pyrrhus? Montrez que c'est à propos de vers comme ceux-ci que l'on peut parler de la coquetterie d'Andromaque.
● VERS 281-296. Composition de cette tirade : Pyrrhus est-il habile de dire franchement le parti qu'il vient de prendre? Son exaltation belliqueuse est-elle sincère? Pourquoi tombe-t-elle cependant à faux? Dans les vers 289-296, comment essaie-t-il de se faire agréer d'Andromaque?

Me faudra-t-il combattre encor vos cruautés*?
Je vous offre mon bras[1]. Puis-je espérer encore
Que vous accepterez un cœur qui vous adore?
295 En combattant pour vous, me sera-t-il permis
De ne vous point compter parmi mes ennemis?

ANDROMAQUE

Seigneur, que faites-vous, et que dira la Grèce?
Faut-il qu'un si grand cœur montre tant de faiblesse!
Voulez-vous qu'un dessein si beau, si généreux,
300 Passe pour le transport* d'un esprit amoureux[2]?
Captive, toujours triste*, importune à moi-même[3],
Pouvez-vous souhaiter qu'Andromaque vous aime?
Quels charmes* ont pour vous des yeux* infortunés[4]
Qu'à des pleurs éternels vous avez condamnés?
305 Non, non, d'un ennemi respecter la misère,
Sauver des malheureux, rendre un fils à sa mère,
De cent peuples pour lui combattre la rigueur*,
Sans me faire payer son salut de mon cœur,
Malgré moi, s'il le faut, lui donner un asile :
310 Seigneur, voilà des soins* dignes du fils d'Achille.

PYRRHUS

Hé quoi! votre courroux* n'a-t-il pas eu son cours?
Peut-on haïr* sans cesse? et punit-on toujours?
J'ai fait des malheureux, sans doute; et la Phrygie[5]
Cent fois de votre sang* a vu ma main rougie;
315 Mais que vos yeux* sur moi se sont bien exercés[6]!
Qu'ils m'ont vendu bien cher les pleurs qu'ils ont versés!
De combien de remords m'ont-ils rendu la proie!
Je souffre tous les maux que j'ai faits devant Troie :

---

1. Ma force; 2. Voir *Pertharite* (II, v, vers 671-674) : « On publierait de toi que les yeux d'une femme | Plus que ta propre gloire auraient touché ton âme, | On dirait qu'un héros si grand, si renommé, | Ne serait qu'un tyran s'il n'avait pas aimé »; 3. Apposition qui se rapporte non au sujet de la principale, mais au sujet de la complétive; 4. Var. : *Que feriez-vous, hélas! d'un cœur infortuné* (1668-1673). Subligny avait dit : « Le cœur ne pleure pas »; 5. *Phrygie* : ancienne contrée du centre de l'Asie Mineure dans laquelle on englobe la Troade; 6. *S'exercer sur quelqu'un*, prendre quelqu'un pour objet de ses attaques.

— **QUESTIONS** —

● Vers 297-310. Cherchez les trois parties de cette réplique. Y en a-t-il une où Andromaque se montre coquette? Andromaque n'invoque plus Hector, le ton est moins âpre; pourquoi? Quel sentiment veut-elle flatter chez le roi? Importance du vers 310.

Vaincu, chargé de fers*, de regrets consumé,
320 Brûlé de plus de feux* que je n'en allumai[1],
Tant de soins*, tant de pleurs, tant d'ardeurs inquiètes...
Hélas! fus-je jamais si cruel* que vous l'êtes?
Mais enfin, tour à tour, c'est assez nous punir;
Nos ennemis communs devraient nous réunir.
325 Madame, dites-moi seulement que j'espère,
Je vous rends votre fils, et je lui sers de père;
Je l'instruirai moi-même à venger les Troyens;
J'irai punir les Grecs de vos maux et des miens.
Animé d'un regard[2], je puis tout entreprendre :
330 Votre Ilion encore peut sortir de sa cendre,
Je puis, en moins de temps que les Grecs ne l'ont pris,
Dans ses murs relevés couronner votre fils.

ANDROMAQUE

Seigneur, tant de grandeurs ne nous touchent plus guère :
Je les lui promettais tant qu'a vécu son père.
335 Non, vous n'espérez plus de nous revoir encor,
Sacrés murs[3], que n'a pu conserver mon Hector!
A de moindres faveurs des malheureux prétendent,
Seigneur; c'est un exil que mes pleurs vous demandent.
Souffrez que, loin des Grecs, et même loin de vous,
340 J'aille cacher mon fils et pleurer mon époux.
Votre amour contre nous allume trop de haine* :
Retournez, retournez à la fille d'Hélène.

---

1. Dans le roman d'Héliodore *Théagène et Chariclée*, que Racine savait par cœur, Hydaspe, forcé d'immoler sa fille, « fit mine de la conduire à l'autel et sur le bûcher qui y était allumé; et lui-même, dans sa douleur, était brûlé de plus de feux ». Déjà dans la *Troade* de Sallebray (1642), on pouvait lire : « Je brûle sur le feu que j'allumai dans Troie. »; 2. Par un regard; au XVIIe s., *de* tient la place de diverses prépositions modernes; 3. Racine met volontiers l'adjectif *sacré* devant le nom qu'il qualifie.

─────── ■ QUESTIONS ───────────────

● Vers 311-322. Étudiez ici le langage galant. Quels sont les mots qui sont pris à la fois au sens propre et au sens figuré? Que pensez-vous de l'effet de ce procédé? Pourquoi Pyrrhus s'interrompt-il (vers 321)? Quel genre de développement allait suivre?
● Vers 323-332. Comparez aux vers 289-296. Pourquoi Pyrrhus demande-t-il moins et promet-il davantage? — Quelle ambition espère-t-il à son tour réveiller chez Andromaque?
● Vers 333-342. La part de la sincérité et celle de l'habileté dans cette réponse : Andromaque peut-elle croire à la résurrection de Troie? Comment espère-t-elle surprendre Pyrrhus en demandant si peu (la faveur d'être exilée) à quelqu'un qui lui offre tant? Quelle maladresse commet-elle au vers 342?

PYRRHUS

Et le puis-je, madame? Ah! que vous me gênez[1]!
Comment lui rendre un cœur que vous me retenez?
345 Je sais que de mes vœux* on lui promit l'empire[2];
Je sais que pour régner elle vint dans l'Épire;
Le sort vous y voulut l'une et l'autre amener,
Vous, pour porter des fers*, elle, pour en donner.
Cependant ai-je pris quelque soin de lui plaire?
350 Et ne dirait-on pas, en voyant au contraire
Vos charmes* tout-puissants, et les siens dédaignés,
Qu'elle est ici captive, et que vous y régnez?
Ah! qu'un seul des soupirs que mon cœur vous envoie,
S'il s'échappait vers elle, y porterait de joie!

ANDROMAQUE

355 Et pourquoi vos soupirs seraient-ils repoussés?
Aurait-elle oublié vos services passés?
Troie, Hector, contre vous révoltent-ils son âme?
Aux cendres d'un époux doit-elle enfin sa flamme?
Et quel époux encore! Ah! souvenir cruel*!
360 Sa mort seule a rendu votre père immortel :
Il doit au sang d'Hector tout l'éclat de ses armes;
Et vous n'êtes tous deux connus que par mes larmes.

PYRRHUS

Hé bien, madame, hé bien, il faut vous obéir :
Il faut vous oublier, ou plutôt vous haïr*.
365 Oui, mes vœux* ont trop loin poussé leur violence
Pour ne plus s'arrêter que dans l'indifférence[3];
Songez-y bien : il faut désormais que mon cœur,
S'il n'aime avec transport*, haïsse* avec fureur*.
Je n'épargnerai rien dans ma juste colère :
370 Le fils me répondra des mépris* de la mère;

---

1. *Gêner* : mettre à la torture (gêner un criminel), puis tourmenter moralement.
A la fin du XVIIe s., le mot perd de sa force; 2. On lui promit de régner souverainement sur mes volontés; 3. Pour s'en tenir désormais à l'indifférence.

━━━ QUESTIONS ━━━

● Vers 343-354. Montrez que le marchandage est maintenant fini.
Quel est le sentiment que Pyrrhus essaie de susciter chez Andromaque?
A-t-il des chances d'y parvenir?
● Vers 355-362. A quels signes voit-on qu'Andromaque ne ménage
plus Pyrrhus? En particulier, en quoi les vers 360-362 sont-ils blessants?
Comparez ces vers aux vers 305-310, et notamment au vers 310.

La Grèce le demande; et je ne prétends pas
Mettre toujours ma gloire à sauver des ingrats*[1].

ANDROMAQUE

Hélas! il mourra donc! Il n'a pour sa défense
Que les pleurs de sa mère et que son innocence;
375 Et peut-être après tout, en l'état où je suis,
Sa mort avancera la fin de mes ennuis*.
Je prolongeais pour lui ma vie et ma misère;
Mais enfin sur ses pas j'irai revoir son père[2].
Ainsi tous trois, seigneur, par vos soins* réunis,
380 Nous vous...

PYRRHUS

Allez, madame, allez voir votre fils.
Peut-être, en le voyant, votre amour plus timide[3]
Ne prendra pas toujours sa colère pour guide.
Pour savoir nos destins* j'irai vous retrouver :
Madame, en l'embrassant, songez à le sauver.

---

1. Voir *Pertharite* (vers 727-730). Grimoald fait à Rodalinde des menaces
analogues : « Puisqu'on me méprise, | Je deviendrai tyran de qui me tyrannise,
Et ne souffrirai plus qu'une indigne fierté | Se joue impunément de mon trop de
bonté »; 2. Voir *les Troyennes*, de Sénèque (vers 419-422) : « Je me serais déjà
arrachée aux Danaens pour suivre mon époux si cet enfant ne me retenait : c'est
lui qui maîtrise mes désirs et me défend de mourir [...]; il a prolongé ma misère »;
3. *Timide* : craintif.

— QUESTIONS —

● VERS 363-372. Le changement de ton chez Pyrrhus : quelles justi-
fications donne-t-il à sa décision? A-t-il cependant perdu tout espoir?
● VERS 373-380. Cherchez dans le résumé de *Pertharite*, page 120, le
mouvement dramatique dont Racine s'inspire ici. Montrez que ces
propos, en apparence sans espoir, contiennent le seul argument de
nature à fléchir Pyrrhus.
● VERS 381-384. Quel sentiment pousse Pyrrhus à interrompre Andromaque? Importance du vers 383 pour l'action.
■ SUR L'ENSEMBLE DE LA SCÈNE IV. — Composition de cette scène :
montrez que les deux adversaires ne disent pas un mot qui ne soit de
nature à obliger l'autre à céder. La scène aboutit-elle à une décision?
— Le caractère d'Andromaque : est-elle accablée par la menace
qui pèse sur son fils? Montrez qu'elle témoigne à la fois de franchise
et de ruse. Comment son amour pour Hector et pour Astyanax se
concilie-t-il avec sa coquetterie?
■ SUR L'ENSEMBLE DE L'ACTE PREMIER. — Avons-nous encore quelque
chose à apprendre? Avec quelle scène s'est terminée l'exposition?
— Le drame est-il engagé? Ne semble-t-il pas déjà près d'être résolu?
Pourquoi le spectateur a-t-il cependant la certitude que la situation
reste « ouverte »? Quel est le personnage qu'on n'a pas encore vu?
et pourquoi?

ACTE II

SCÈNE PREMIÈRE. — HERMIONE, CLÉONE.

HERMIONE

385 Je fais ce que tu veux : je consens qu'il me voie;
Je lui veux bien encore accorder cette joie.
Pylade va bientôt conduire ici ses pas;
Mais, si je m'en croyais, je ne le verrais pas.

CLÉONE

Et qu'est-ce que sa vue a pour vous de funeste* ?
390 Madame, n'est-ce pas toujours le même Oreste
Dont vous avez cent fois souhaité le retour,
Et dont vous regrettiez la constance et l'amour?

qui apporte le malheur

HERMIONE

C'est cet amour payé de trop d'ingratitude*
Qui me rend en ces lieux sa présence si rude[1].
395 Quelle honte pour moi, quel triomphe pour lui,
De voir mon infortune égaler son ennui* !
Est-ce là, dira-t-il, cette fière Hermione?
Elle me dédaignait; un autre l'abandonne.
L'ingrate*, qui mettait son cœur à si haut prix,
400 Apprend donc à son tour à souffrir des mépris* !
Ah! dieux!

CLÉONE

          Ah! dissipez ces indignes alarmes* :
Il a trop bien senti le pouvoir de vos charmes*.
Vous croyez qu'un amant vienne[2] vous insulter?
Il vous rapporte un cœur qu'il n'a pu vous ôter.
405 Mais vous ne dites point ce que vous mande un père.

HERMIONE

Dans ses retardements[3] si Pyrrhus persévère,

---

1. *Rude* : pénible à supporter; 2. Le subjonctif s'explique par l'allure dubitative que confère à la pensée l'emploi du verbe *croire* dans une interrogation; 3. *Retardement :* ce mot, au sens de *délai, atermoiement,* n'a vieilli qu'à la fin du XVII° s.; c'est seulement en 1762 que l'Académie a admis *retard*.

QUESTIONS

● VERS 385-388. Le spectateur peut-il se demander longtemps qui est la femme, encore inconnue de lui, qui parle (voir vers 142)?

A la mort du Troyen s'il ne veut consentir,
Mon père avec les Grecs m'ordonne de partir.

CLÉONE

Hé bien, madame, hé bien, écoutez donc Oreste.
410 Pyrrhus a commencé, faites au moins le reste.
Pour bien faire il faudrait que vous le prévinssiez[1].
Ne m'avez-vous pas dit que vous le haïssiez*?

HERMIONE

Si je le hais*, Cléone! Il y va de ma gloire[2],
Après tant de bontés dont il perd la mémoire.
415 Lui qui me fut si cher, et qui m'a pu trahir!
Ah! je l'ai trop aimé pour ne le point haïr*.

CLÉONE

Fuyez-le donc, madame; et puisqu'on vous adore...

HERMIONE

Ah! laisse à ma fureur* le temps de croître encore!
Contre mon ennemi laisse-moi m'assurer[3];
420 Cléone, avec horreur je m'en[4] veux séparer.
Il n'y travaillera que trop bien, l'infidèle*!

CLÉONE

Quoi! vous en attendez quelque injure nouvelle?
Aimer une captive, et l'aimer à vos yeux,
Tout cela n'a donc pu vous le rendre odieux?
425 Après ce qu'il a fait, que saurait-il donc faire?
Il vous aurait déplu, s'il pouvait vous déplaire.

HERMIONE

Pourquoi veux-tu, cruelle*, irriter mes ennuis*?

---

1. *Prévenir quelqu'un* : v. vers 229 et la note; 2. *Gloire* : réputation, honneur; en ce sens affaibli, ce mot est très fréquent chez les tragiques, surtout chez Corneille; 3. *M'assurer* : m'affermir dans mes sentiments; 4. Le pronom personnel *en* s'appliquait aux personnes d'une façon beaucoup plus générale qu'aujourd'hui.

QUESTIONS

● VERS 389-408. L'état d'esprit d'Hermione : quel est le premier trait de son caractère qui apparaît aux vers 393-401? — Qui a apporté le message de Ménélas (vers 405)? — Le rôle de Cléone : son optimisme, son ignorance des sentiments d'autrui; y aurait-il une tragédie si les choses étaient aussi simples que le pense Cléone?

● VERS 409-426. Les sentiments d'Hermione à l'égard de Pyrrhus : quelle est, de ce côté aussi, la part de l'orgueil? Ce sentiment joue-t-il le même rôle qu'à l'égard d'Oreste? — La logique de Cléone : croit-elle, en dépit de sa médiocrité, tout ce qu'elle dit? Dans quelle mesure veut-elle forcer Hermione à prendre conscience de ses propres sentiments?

Je crains de me connaître en l'état où je suis.
De tout ce que tu vois tâche de ne rien croire;
430 Crois que je n'aime plus, vante-moi ma victoire;
Crois que dans son dépit mon cœur est endurci;
Hélas! et, s'il se peut, fais-le moi croire aussi.
Tu veux que je le fuie? Hé bien! rien ne m'arrête :
Allons, n'envions plus son indigne conquête;
435 Que sur lui sa captive étende son pouvoir;
Fuyons... Mais si l'ingrat* rentrait dans son devoir!
Si la foi¹ dans son cœur retrouvait quelque place!
S'il venait à mes pieds me demander sa grâce!
Si sous mes lois, Amour, tu pouvais l'engager!
440 S'il voulait... Mais l'ingrat* ne veut que m'outrager.
Demeurons toutefois pour troubler leur fortune²;
Prenons quelque plaisir à leur être importune;
Ou, le forçant de rompre un nœud si solennel,
Aux yeux de tous les Grecs rendons-le criminel.
445 J'ai déjà sur le fils attiré leur colère;
Je veux qu'on vienne encor lui demander la mère;
Rendons-lui les tourments qu'elle me fait souffrir;
Qu'elle le perde³, ou bien qu'il la fasse périr.

CLÉONE

Vous pensez que des yeux toujours ouverts aux larmes
450 Se plaisent à troubler le pouvoir de vos charmes*,
Et qu'un cœur accablé de tant de déplaisirs*
De son persécuteur ait brigué les soupirs?
Voyez si sa douleur en paraît soulagée.
Pourquoi donc les chagrins où son âme est plongée?
455 Contre un amant qui plaît pourquoi tant de fierté⁴?

───────────────

1. *Foi* : respect de la parole donnée; 2. *Fortune* : sort; 3. Qu'elle cause sa perte;
4. *Fierté* : rigueur cruelle.

● QUESTIONS ─────────

●Vers 427-448. Composition de cette tirade : ses trois mouvements.
— Comparez les illusions d'Hermione au rêve éveillé de Phèdre (vers 635-
662); Hermione renonce-t-elle à son orgueil en imaginant cette scène
de réconciliation avec Pyrrhus? — La raison qu'elle se donne pour
rester (vers 440-444) est-elle la bonne? Comment l'orgueil mène-t-il
Hermione à la cruauté (vers 445-448)? Montrez qu'à partir de ce moment
la tragédie ne peut plus déboucher que sur la mort de quelqu'un. Le
progrès des passions d'Hermione depuis les vers 418-421. Comparez
la méchanceté de l'Hermione de Racine à celle de l'Hermione d'Euripide (voir la Documentation thématique).
●Vers 449-455. Est-ce un appel à la pitié ou au bon sens?

HERMIONE

Hélas! pour mon malheur, je l'ai trop écouté.

Je n'ai point du silence affecté le mystère :

Je croyais sans péril pouvoir être sincère,

Et, sans armer mes yeux d'un moment de rigueur*,

460 Je n'ai pour lui parler consulté que mon cœur.

Et qui ne se serait comme moi déclarée

Sur la foi d'une amour[1] si saintement jurée?

Me voyait-il de l'œil qu'il[2] me voit aujourd'hui?

Tu t'en souviens encor, tout conspirait pour lui :

465 Ma famille vengée, et les Grecs dans la joie,

Nos vaisseaux tout chargés des dépouilles de Troie,

Les exploits de son père effacés par les siens,

Ses feux* que je croyais plus ardents que les miens,

Mon cœur, toi-même enfin de sa gloire éblouie,

470 Avant qu'il me trahît, vous m'avez tous trahie.

Mais c'en est trop, Cléone, et quel que soit Pyrrhus,

Hermione est sensible[3], Oreste a des vertus.

Il sait aimer du moins, et même sans qu'on l'aime;

Et peut-être il saura se faire aimer lui-même.

475 Allons : qu'il vienne enfin.

CLÉONE

Madame, le voici.

HERMIONE

Ah! je ne croyais pas qu'il fût si près d'ici.

---

1. *Amour* est indifféremment des deux genres au XVIIᵉ s., sauf pour l'amour divin, toujours masculin. Corneille préférait le féminin; Racine usait des deux genres; le masculin a été imposé par l'Académie en 1718; 2. *Qu'*, relatif adverbial, mis pour *avec lequel* (voir vers 11); 3. *Sensible* : accessible aux sentiments, particulièrement à l'amour.

--------- **QUESTIONS** -----------

● Vers 456-474. Hermione a-t-elle entendu ce que disait Cléone? Faites le compte des excuses qu'Hermione se donne à elle-même et de ceux qu'elle accuse de son erreur : sa jeunesse, Pyrrhus, les circonstances, Cléone. Comment appelle-t-on l'état d'esprit de celui qui ne se croit pas responsable de ses fautes? — Cherchez, dans les vers 471-474, la preuve que le tendre sur estime n'existe pas dans le monde racinien.

● Vers 476. Comment ce vers trahit-il le désarroi d'Hermione, surtout après le vers 475? Montrez que ce vers, comme tout propos qui échappe à celui qui parle, pourrait aussi bien être un vers de comédie.

■ Sur l'ensemble de la scène première. — N'est-ce pas ici une nouvelle scène d'exposition? La situation vue du côté d'Hermione.

— En fin de compte, Hermione a-t-elle un projet précis en recevant Oreste?

— L'amour et l'amour-propre chez Hermione.

« Oui, puisque je retrouve un ami si fidèle. » (Vers I.)
COMÉDIE-FRANÇAISE

JEAN-LOUIS BARRAULT DANS LE RÔLE D'ORESTE
Odéon-Théâtre de France (1962).

SCÈNE II. — HERMIONE, ORESTE, CLÉONE.

HERMIONE

Le croirai-je, seigneur, qu'un reste de tendresse
Vous fasse ici chercher une triste* princesse?
Ou ne dois-je imputer qu'à votre seul devoir
480 L'heureux empressement qui vous porte à me voir?

ORESTE

Tel est de mon amour l'aveuglement funeste*;
Vous le savez, madame, et le destin* d'Oreste
Est de venir sans cesse adorer vos attraits,
Et de jurer toujours qu'il n'y viendra jamais.
485 Je sais que vos regards vont rouvrir mes blessures,
Que tous mes pas vers vous sont autant de parjures;
Je le sais, j'en rougis. Mais j'atteste les dieux,
Témoins de la fureur* de mes derniers adieux,
Que j'ai couru partout où ma perte certaine[1]
490 Dégageait mes serments et finissait ma peine.
J'ai mendié la mort chez des peuples cruels
Qui n'apaisaient leurs dieux que du sang des mortels :
Ils m'ont fermé leur temple[2]; et ces peuples barbares
De mon sang prodigué[3] sont devenus avares.
495 Enfin je viens à vous, et je me vois réduit
A chercher dans vos yeux une mort qui me fuit.
Mon désespoir n'attend que leur indifférence :
Ils n'ont qu'à m'interdire un reste d'espérance;
Ils n'ont, pour avancer cette mort où je cours,
500 Qu'à me dire une fois[4] ce qu'ils m'ont dit toujours.
Voilà, depuis un an, le seul soin* qui m'anime.
Madame, c'est à vous de prendre une victime

---

1. Tournure latine pour « la certitude de ma perte »; 2. Allusion à ses aventures en Tauride : il faillit être sacrifié sur l'autel de Diane, mais il fut sauvé par sa sœur Iphigénie. Oreste ne présente pas les faits d'une manière exacte; 3. Mon sang que j'aurais volontiers prodigué; 4. Une fois *encore*.

──── QUESTIONS ────

● VERS 477-480. Pourquoi Hermione tient-elle à vérifier qu'Oreste l'aime toujours? Se rend-elle compte que ces propos peuvent le faire souffrir?

Que les Scythes auraient dérobée à vos coups*,
Si j'en avais trouvé d'aussi cruels* que vous.

HERMIONE

505 Quittez, seigneur, quittez ce funeste* langage.
A des soins* plus pressants la Grèce vous engage.
Que parlez-vous[1] du Scythe et de mes cruautés*!
Songez à tous ces rois que vous représentez[2].
Faut-il que d'un transport* leur vengeance dépende?
510 Est-ce le sang d'Oreste enfin qu'on vous demande?
Dégagez-vous des soins* dont vous êtes chargé[3].

ORESTE

Les refus de Pyrrhus m'ont assez dégagé,
Madame : il me renvoie; et quelque autre puissance
Lui fait du fils d'Hector embrasser la défense.

HERMIONE

515 L'infidèle*!

ORESTE

Ainsi donc, tout prêt à le quitter,
Sur mon propre destin* je viens vous consulter.
Déjà même je crois entendre la réponse
Qu'en secret contre moi votre haine* prononce[4].

1. *Que* est ici un adverbe interrogatif signifiant : « pourquoi? »; 2. Var. : *Non, non, ne pensez pas qu'Hermione dispose | D'un sang sur qui la Grèce aujourd'hui se repose; | Mais vous-même, est-ce ainsi que vous exécutez | Les vœux de tant d'Etats que vous représentez?* Subligny avait critiqué les expressions : *Se reposer sur un sang* et *Exécuter les vœux* (Préface de *la Folle Querelle*); 3. Accomplissez d'abord la mission dont vous êtes chargé; 4. Var. : [...] *Ainsi donc, il ne me reste rien | Qu'à venir prendre ici la place du Troyen | Nous sommes ennemis, lui des Grecs, moi le vôtre; | Pyrrhus protège l'un, et je vous livre l'autre.* Subligny avait qualifié ces quatre vers de « galimatias ».

―――――― QUESTIONS ――――――

● VERS 481-504. Le langage d'Oreste correspond-il aux sentiments qu'il devrait éprouver après son entrevue avec Pyrrhus (I, II)? Est-ce pour inspirer de la pitié ou par conviction profonde qu'il se présente comme toujours écrasé par le destin? Sa lucidité et sa faiblesse. — Relevez les expressions du langage galant (vers 487-504) et comparez-les à celles de Pyrrhus (vers 311-322). — Oreste est-il sincère en offrant sa vie à Hermione?

● VERS 505-514. La férocité de ces deux répliques : la cruauté d'Oreste peut-elle se justifier plus que celle d'Hermione? Pourquoi n'avait-il pas révélé plus tôt la situation nouvelle créée par le refus de Pyrrhus de livrer Astyanax?

● VERS 515-518. Oreste pose la même question qu'aux vers 481-504. A-t-il des raisons de croire que la réponse sera moins désinvolte?

HERMIONE

Hé quoi! toujours injuste en vos tristes* discours,
520 De mon inimitié vous plaindrez-vous toujours[1]?
Quelle est cette rigueur* tant de fois alléguée?
J'ai passé dans l'Épire où j'étais reléguée.
Mon père l'ordonnait : mais qui sait si depuis
Je n'ai point en secret partagé vos ennuis*?
525 Pensez-vous avoir seul éprouvé des alarmes*?
Que l'Épire jamais n'ait vu couler mes larmes?
Enfin, qui vous a dit que, malgré mon devoir,
Je n'ai pas quelquefois souhaité de vous voir?

ORESTE

Souhaité de me voir! Ah! divine princesse...
530 Mais, de grâce, est-ce à moi que ce discours s'adresse?
Ouvrez vos yeux : songez qu'Oreste est devant vous,
Oreste, si longtemps l'objet de leur courroux*.

HERMIONE

Oui, c'est vous dont l'amour, naissant avec leurs charmes*,
Leur apprit le premier le pouvoir de leurs armes[2];
535 Vous que mille vertus me forçaient d'estimer;
Vous que j'ai plaint, enfin que je voudrais aimer.

ORESTE

Je vous entends[3]. Tel est mon partage funeste* :
Le cœur est pour Pyrrhus, et les vœux* pour Oreste.

HERMIONE

Ah! ne souhaitez pas le destin* de Pyrrhus,
540 Je vous haïrais* trop.

ORESTE

Vous m'en aimeriez plus.
Ah! que vous me verriez d'un regard bien contraire!

---

1. Var : *Hé quoi? dans vos chagrins sans raison affermi,* | *Vous croirez-vous toujours, seigneur, mon ennemi?* (1668-1673). Dans la Préface de *la Folle Querelle*, Subligny disait : « Je ne trouve point que *vous croirez-vous mon ennemi?* pour *me croirez-vous votre ennemi?* soit une chose bien écrite »; 2. *Les armes de mes yeux* : galimatias du langage galant; 3. Je vous comprends.

QUESTIONS

● Vers 519-528. Le ton a changé depuis les vers 505-511 : montrez qu'Hermione accuse le coup des vers 512-514.
● Vers 529-532. Oreste sait-il qu'Hermione n'est pas toujours consciente de ce qu'elle dit et de ce qu'elle fait? L'amour d'Oreste est-il fondé sur l'estime?

Vous me voulez aimer, et je ne puis vous plaire;
Et, l'amour seul alors se faisant obéir,
Vous m'aimeriez, madame, en me voulant haïr*.
545 O dieux! tant de respects, une amitié[1] si tendre...
Que de raisons pour moi[2], si vous pouviez m'entendre!
Vous seule pour Pyrrhus disputez[3] aujourd'hui,
Peut-être malgré vous, sans doute malgré lui :
Car enfin il vous hait*; son âme ailleurs éprise
550 N'a plus...

HERMIONE

Qui vous l'a dit, seigneur, qu'il me méprise*?
Ses regards, ses discours vous l'ont-ils donc appris?
Jugez-vous que ma vue inspire des mépris*,
Qu'elle allume en un cœur des feux* si peu durables?
Peut-être d'autres yeux* me sont plus favorables.

ORESTE

555 Poursuivez : il est beau de m'insulter ainsi.
Cruelle*, c'est donc moi qui vous méprise* ici?
Vos yeux n'ont pas assez éprouvé ma constance?
Je suis donc un témoin[4] de leur peu de puissance?
Je les ai méprisés*? Ah! qu'ils voudraient bien voir
560 Mon rival comme moi mépriser* leur pouvoir!

HERMIONE

Que m'importe, seigneur, sa haine* ou sa tendresse?
Allez contre un rebelle armer toute la Grèce;
Rapportez-lui le prix de sa rébellion;

---

1. *Amitié :* amour; 2. En ma faveur; 3. *Disputer :* fournir des arguments; ce mot n'implique aucune idée de violence 4. *Témoin :* preuve.

─────── QUESTIONS ───────

● Vers 533-550. Hermione est-elle sincère en affirmant à Oreste qu'elle voudrait l'aimer (voir vers 471-474)? Quel lien subtil attache réellement d'une certaine façon Hermione à Oreste? Est-elle sincère quand elle dit qu'elle hait Pyrrhus (vers 540)? — Pourquoi Oreste n'est-il pas satisfait des assurances que lui donne Hermione? Importance du vers 544 : la lucidité d'Oreste. — Les vers 549-550 constituent-ils une maladresse?
● Vers 550-560. Par quel procédé Racine, malgré les *mépris*, les *feux* et les *yeux*, ne nous permet-il pas de douter qu'Hermione souffre au plus profond d'elle-même (voir les vers 393-400)? — Montrez que la réplique d'Oreste (vers 555-560) exprime à la fois la douleur, la méchanceté et la joie d'un certain triomphe.

Qu'on fasse de l'Épire un second Ilion[1].
565 Allez. Après cela direz-vous que je l'aime?

ORESTE

Madame, faites plus, et venez-y vous-même.
Voulez-vous demeurer pour otage en ces lieux?
Venez dans tous les cœurs faire parler vos yeux*.
Faisons de notre haine* une commune attaque.

HERMIONE

570 Mais, seigneur, cependant[2], s'il épouse Andromaque?

ORESTE

Hé! madame.

HERMIONE

　　　　Songez quelle honte pour nous
Si d'une Phrygienne il devenait l'époux!

ORESTE

Et vous le haïssez*? Avouez-le, madame,
L'amour n'est pas un feu* qu'on renferme en une âme :
575 Tout nous trahit, la voix, le silence, les yeux;
Et les feux* mal couverts n'en éclatent que mieux.

HERMIONE

Seigneur, je le vois bien, votre âme prévenue[3]
Répand sur mes discours le venin qui la tue,
Toujours dans mes raisons cherche quelque détour,
580 Et croit qu'en moi la haine* est un effort d'amour.
Il faut donc m'expliquer : vous agirez ensuite.

---

1. *Ilion* est généralement du féminin, conformément à l'usage homérique; mais,
par la suite, les Grecs firent ce nom du genre neutre; 2. *Cependant :* pendant ce
temps; 3. *Prévenue :* influencée par des idées préconçues.

――――――― QUESTIONS ―――――――

● Vers 561-569. Les ordres d'Hermione : pourquoi invoque-t-elle les
motifs d'ordre politique (la *rébellion* de Pyrrhus), alors que la seule
jalousie la fait parler? — Comment Oreste exploite-t-il son avantage?
Est-il loin du but qu'il se proposait à son arrivée en Épire?
● Vers 570-572. Le « cri du cœur » du vers 570. Comment Hermione
évite-t-elle de répondre directement à l'invitation d'Oreste? Celui-ci
peut-il être sensible à l'argument des vers 571-572?
● Vers 573-576. Oreste peut avoir deux raisons de parler ainsi : ou
bien il veut prendre une revanche en faisant sentir à Hermione sa supé-
riorité sur elle, la lucidité; ou bien il veut qu'elle soit sincère en face
de lui, parce qu'avoir la confiance d'Hermione serait pour lui une
consolation. Laquelle de ces raisons vous paraît la meilleure?

Vous savez qu'en ces lieux mon devoir m'a conduite ;
Mon devoir m'y retient ; et je n'en puis partir
Que[1] mon père ou Pyrrhus ne m'en fasse sortir.
585 De la part de mon père allez lui faire entendre[2]
Que l'ennemi des Grecs ne peut être son gendre ;
Du Troyen ou de moi faites-le décider ;
Qu'il songe qui des deux il veut rendre ou garder,
Enfin qu'il me renvoie, ou bien qu'il vous le livre.
590 Adieu. S'il y consent, je suis prête à vous suivre.

SCÈNE III. — ORESTE, *seul.*

Oui, oui, vous me suivrez, n'en doutez nullement :
Je vous réponds déjà de son consentement.
Je ne crains pas enfin que Pyrrhus la retienne :
Il n'a devant les yeux que sa chère Troyenne ;
595 Tout autre objet[3] le blesse ; et peut-être aujourd'hui
Il n'attend qu'un prétexte à l'éloigner de lui.
Nous n'avons qu'à parler : c'en est fait. Quelle joie
D'enlever à l'Épire une si belle proie !
Sauve tout ce qui reste et de Troie et d'Hector ;
600 Garde son fils, sa veuve, et mille autres encor,
Épire : c'est assez qu'Hermione rendue
Perde à jamais tes bords et ton prince de vue.

---

1. A moins que ; 2. Var. : *Au nom de Ménélas, allez lui faire entendre* (1668-1676) ; 3. *Objet* a ici son sens étymologique : ce qui s'offre aux regards ; le mot s'appliquait aux personnes et, dans le langage galant, à la personne aimée.

QUESTIONS

● VERS 577-590. Le changement de ton d'Hermione : montrez que c'est ici la fille de Ménélas qui parle à l'ambassadeur Oreste. — Pourquoi Hermione, en ordonnant à Oreste de présenter à Pyrrhus une sorte d'ultimatum, espère-t-elle que Pyrrhus refusera de la renvoyer à Ménélas ? Sur quel trait du caractère de Pyrrhus compte-t-elle ? Montrez qu'elle se trompe, d'après la scène III de l'acte premier. — Le sort d'Hermione a-t-il déjà fait l'objet du premier entretien diplomatique entre Oreste et Pyrrhus (voir I, II, vers 239-244) ? Est-il normal qu'Oreste puisse provoquer à ce sujet une nouvelle entrevue avec le roi ?

■ SUR L'ENSEMBLE DE LA SCÈNE II. — Comparez le mouvement dramatique de cette scène à celui de la scène IV de l'acte premier. Les épisodes de la lutte sont-ils exactement semblables ? Les héros se font-ils souffrir réciproquement de la même manière ? Montrez cependant que c'est au moment où l'un des antagonistes croit avoir gagné qu'il se heurte à un obstacle infranchissable. — Qui croit avoir vaincu : Oreste ou Hermione ?

Mais un heureux destin* le conduit en ces lieux.
Parlons. A tant d'attraits, Amour, ferme ses yeux.

Scène IV. — PYRRHUS, ORESTE, PHŒNIX

PYRRHUS

605 Je vous cherchais, seigneur[1]. Un peu de violence
M'a fait de vos raisons combattre la puissance,
Je l'avoue; et, depuis que je vous ai quitté,
J'en ai senti la force et connu[2] l'équité.
J'ai songé, comme vous, qu'à la Grèce, à mon père,
610 A moi-même, en un mot, je devenais contraire;
Que je relevais Troie, et rendais imparfait
Tout ce qu'a fait Achille et tout ce que j'ai fait.
Je ne condamne plus un courroux* légitime,
Et l'on vous va, seigneur, livrer votre victime.

ORESTE

615 Seigneur, par ce conseil[3] prudent et rigoureux,
C'est acheter la paix du sang d'un malheureux[4].

PYRRHUS

Oui, mais je veux, seigneur, l'assurer davantage :
D'une éternelle paix Hermione est le gage;
Je l'épouse. Il semblait qu'un spectacle si doux
620 N'attendît en ces lieux qu'un témoin tel que vous.
Vous y représentez tous les Grecs et son père,
Puisqu'en vous Ménélas voit revivre son frère.

---

1. Subligny critiquait cette entrée de Pyrrhus : un roi ne se met pas à la recherche d'un ambassadeur, il le fait venir. Mais Racine justifie toujours en cours d'acte l'entrée ou la sortie d'un personnage; 2. Nous dirions : *reconnu*. L'emploi plus large de formes simples est une des caractéristiques de la langue du XVIIᵉ s.; 3. *Conseil* : dessein, résolution; 4. Rupture de construction; il faut comprendre : par ce conseil prudent et rigoureux, « vous achetez la paix ».

--- **QUESTIONS** ---

■ SUR LA SCÈNE III. — Montrez que cette scène, nécessaire pour la transition sur le plan dramatique, sert à faire le point de la situation au milieu de l'acte II. L'impression du spectateur qui se rappelle la scène IV de l'acte premier; peut-on être sûr toutefois (voir vers 383) que rien n'a changé entre-temps du côté Andromaque-Pyrrhus?
— Le lyrisme de la joie chez Oreste : comment accentue-t-il l'ironie tragique de la situation?

Voyez-la donc. Allez. Dites-lui que demain
J'attends, avec la paix, son cœur de votre main.

ORESTE

625 Ah! dieux!

SCÈNE V. — PYRRHUS, PHŒNIX.

PYRRHUS

Hé bien, Phœnix, l'amour est-il le maître?
Tes yeux refusent-ils encor de me connaître[1]?

PHŒNIX

Ah! je vous reconnais, et ce juste courroux*,
Ainsi qu'à tous les Grecs, seigneur, vous rend à vous[2].
Ce n'est plus le jouet d'une flamme servile[3],
630 C'est Pyrrhus, c'est le fils et le rival d'Achille,
Que la gloire à la fin ramène sous ses lois,
Qui triomphe de Troie une seconde fois.

PYRRHUS

Dis plutôt qu'aujourd'hui commence ma victoire.
D'aujourd'hui seulement je jouis de ma gloire;
635 Et mon cœur, aussi fier que tu l'as vu soumis,
Croit avoir en l'amour vaincu mille ennemis.
Considère, Phœnix, les troubles que j'évite,
Quelle foule de maux l'amour traîne à sa suite,
Que d'amis, de devoirs, j'allais sacrifier,

---

1. *Connaître* : reconnaître; voir vers 608. Au vers suivant, Phœnix reprend la même idée avec un verbe composé; 2. Racine a supprimé quatre vers qui suivaient primitivement le vers 628 : *Et qui l'aurait pensé, qu'une si noble audace | D'un long abaissement prendrait si tôt la place? | Que l'on pût sitôt vaincre un poison si charmant? | Mais Pyrrhus, quand il veut, sait vaincre en un moment*; 3. *Servile* : qui dénote un tempérament d'esclave, ou plutôt : dont l'objet est une esclave.

--- **QUESTIONS** ---

■ Sur la scène iv. — Sans qu'on puisse parler d'un coup de théâtre, pourquoi cette scène fait-elle un effet analogue?

— Le style de Pyrrhus : comment Racine plie-t-il l'alexandrin aux nécessités d'un langage concis et même brutal? L'impression qui en résulte sur le plan psychologique.

— La désinvolture de Pyrrhus : pourquoi passe-t-il de la courtoisie pleine de condescendance (vers 605-614) à la provocation ironique (vers 619-623)? Quelle conception « louisquatorzienne » a-t-il de son prestige de roi?

— Le rôle d'Oreste : comment les vers 615-616 reflètent-ils son désarroi? Le ton du vers 625.

640 Quels périls... Un regard m'eût tout fait oublier !
Tous les Grecs conjurés fondaient sur un rebelle.
Je trouvais du plaisir à me perdre pour elle.

PHŒNIX

Oui, je bénis, seigneur, l'heureuse cruauté*
Qui vous rend...

PYRRHUS

Tu l'as vu comme elle m'a traité.
645 Je pensais, en voyant sa tendresse alarmée,
Que son fils me la dût renvoyer désarmée :
J'allais voir le succès[1] de ses embrassements ;
Je n'ai trouvé que pleurs mêlés d'emportements.
Sa misère l'aigrit, et, toujours plus farouche[2],
650 Cent fois le nom d'Hector est sorti de sa bouche.
Vainement à son fils j'assurais mon secours :
« C'est Hector, disait-elle, en l'embrassant toujours ;
Voilà ses yeux, sa bouche, et déjà son audace[3] ;
C'est lui-même, c'est toi, cher époux, que j'embrasse. »
655 Et quelle est sa pensée ? Attend-elle en ce jour
Que je lui laisse un fils pour nourrir son amour[4] ?

PHŒNIX

Sans doute, c'est le prix que vous gardait l'ingrate*.
Mais laissez-la, seigneur.

PYRRHUS

Je vois ce qui la flatte[5] :
Sa beauté la rassure ; et, malgré mon courroux*,
660 L'orgueilleuse m'attend encore à ses genoux.
Je la verrais aux miens, Phœnix, d'un œil tranquille.

---

1. *Succès* : résultat, qu'il soit bon ou mauvais ; 2. Apposition qui, par suite d'une rupture de construction, ne se rattache à aucun mot de la phrase, mais qu'il faut rapporter au nom d'Andromaque qui n'est pas exprimé ; 3. Imitation de Virgile (*l'Énéide*, III, 490) : *Sic oculos sic ille manus, sic ora ferabat* (« Voilà ses yeux, voilà ses mains, voilà les traits de son visage ») ; voir aussi *les Troyennes*, de Sénèque (vers 465-468) : ... oui, tels étaient les traits de mon Hector, telle était sa démarche, tel son maintien » ; 4. Pour entretenir l'amour qu'elle garde à Hector ; 5. Ce qui la berce d'illusion, l'entretient dans une espérance trompeuse (voir vers 83).

● QUESTIONS

● VERS 625-644. Pourquoi Racine fait-il traîner un peu en longueur ce passage où Pyrrhus se félicite de ne plus aimer Andromaque ? Quel est cependant l'effet du *elle* (vers 642), qui ne renvoie pas au nom d'Andromaque ? En quoi Pyrrhus se fait-il illusion sur lui-même ?

Elle est veuve d'Hector, et je suis fils d'Achille;
Trop de haine* sépare Andromaque et Pyrrhus.

PHŒNIX

Commencez donc, seigneur, à ne m'en parler plus[1].
665 Allez voir Hermione; et, content[2] de lui plaire,
Oubliez à ses pieds jusqu'à votre colère.
Vous-même à cet hymen venez la disposer :
Est-ce sur un rival qu'il s'en faut reposer?
Il ne l'aime que trop.

PYRRHUS

Crois-tu, si je l'épouse,
670 Qu'Andromaque en son cœur n'en sera pas jalouse?

PHŒNIX

Quoi! toujours Andromaque occupe[3] votre esprit?
Que vous importe, ô dieux! sa joie ou son dépit?
Quel charme*, malgré vous, vers elle vous attire?

PYRRHUS

Non, je n'ai pas bien dit tout ce qu'il lui faut dire :
675 Ma colère à ses yeux n'a paru qu'à demi;
Elle ignore à quel point je suis son ennemi.
Retournons-y. Je veux la braver à sa vue[4],
Et donner à ma haine* une libre étendue.
Viens voir tous ses attraits, Phœnix, humiliés.
680 Allons.

PHŒNIX

Allez, seigneur, vous jeter à ses pieds;
Allez, en lui jurant que votre âme l'adore,
A de nouveaux mépris* l'encourager encore.

---

1. A propos de ce vers, Louis Racine rappelle ce passage d'Ovide (*Remedia amoris*, 647-648) : « Et j'aimerais mieux te voir garder le silence plutôt que dire que tu as cessé d'aimer : quand on dit à tout le monde « je n'aime pas », on aime »; 2. Vous contentant de; 3. *Occuper* : être absolument maître de; 4. En face.

--- **QUESTIONS** ---

● VERS 644-663. Importance des vers 644-656 pour informer le spectateur de la suite de l'action, depuis la fin de l'acte premier (voir vers 383). Est-il vraisemblable, sur le plan psychologique, que Pyrrhus raconte à Phœnix une scène à laquelle celui-ci a assisté? — L'aveuglement de Pyrrhus (vers 658-664) sur Andromaque et sur lui-même peut-il se comparer à celui d'Hermione au sujet de Pyrrhus?

PHYRRHUS

Je le vois bien, tu crois que, prêt à l'excuser,
Mon cœur court après elle, et cherche à s'apaiser.

PHŒNIX

685 Vous aimez : c'est assez.

PYRRHUS

             Moi, l'aimer? une ingrate*
Qui me hait* d'autant plus que mon amour la flatte[1]?
Sans parents, sans amis, sans espoir que[2] sur moi,
Je puis perdre son fils, peut-être je le doi[3] :
Étrangère... que dis-je? esclave dans l'Épire,
690 Je lui donne son fils, mon âme, mon empire;
Et je ne puis gagner dans son perfide* cœur
D'autre rang que celui de son persécuteur?
Non, non, je l'ai juré, ma vengeance est certaine;
Il faut bien une fois justifier sa haine*.
695 J'abandonne son fils. Que de pleurs vont couler!
De quel nom sa douleur me va-t-elle appeler!
Quel spectacle pour elle aujourd'hui se dispose!
Elle en mourra, Phœnix, et j'en serai la cause :
C'est lui mettre moi-même un poignard dans le sein.[1]

PHŒNIX

700 Et pourquoi donc en faire éclater le dessein?
Que ne consultiez-vous tantôt votre faiblesse?

PYRRHUS

Je t'entends. Mais excuse un reste de tendresse,
Crains-tu pour ma colère un si faible combat?
D'un amour qui s'éteint c'est le dernier éclat.

---

1. *Flatter :* ménager à l'excès, traiter avec trop de douceur; **2.** Si ce n'est; **3.** Au
XVIIᵉ s., les poètes ont le droit d'omettre à la rime l's à la première personne du
singulier de certains verbes comme « croire », « devoir », « savoir »; c'est d'ailleurs l'orthographe ancienne de ces formes. Même rupture de construction aux
vers 687-688 qu'aux vers 649-650.

QUESTIONS

● Vers 664-685. Comparez le rôle de Phœnix à celui de Cléone en face
d'Hermione (vers 409-425) : pourquoi chacun des deux confidents
a-t-il des réactions tout à fait parallèles? — La naïveté de Pyrrhus :
qu'y a-t-il dans ses sentiments qui révèle sa jeunesse?
● Vers 686-699. Les propos de Phœnix ont-ils été sans effet? Énumérez
les arguments qu'accumule Pyrrhus pour se justifier : ne sont-ils pas
trop nombreux pour être tous sincères? Pyrrhus et la cruauté (vers
695-699).

705 Allons. A tes conseils, Phœnix, je m'abandonne.
Faut-il livrer son fils? faut-il voir Hermione?

PHŒNIX

Oui, voyez-la, Seigneur; et, par des vœux* soumis,
Protestez-lui...[1]

PYRRHUS

Faisons tout ce que j'ai promis.

ACTE III

SCÈNE PREMIÈRE. — ORESTE, PYLADE.

PYLADE

Modérez donc, seigneur, cette fureur* extrême.
710 Je ne vous connais[2] plus; vous n'êtes plus vous-même.
Souffrez...

---

1. *Protester* : promettre par serment; 2. Voir vers 626 et la note.

QUESTIONS

● VERS 700-708. Pourquoi Phœnix ne répond-il qu'à la seconde des deux questions du vers 706? — Pyrrhus n'a-t-il pas une autre raison que les conseils de Phœnix pour se décider en faveur d'Hermione? Que pensera l'ambassadeur de Ménélas si le roi revient encore sur sa décision?

■ SUR L'ENSEMBLE DE LA SCÈNE V. — Cette scène est-elle très importante? La situation a-t-elle changé entre le début et la fin?

— Montrez que si la vie d'Astyanax n'en était pas l'enjeu, cette scène serait une scène de comédie.

— Quel que soit le côté où penche Pyrrhus, fait-il jamais la moindre allusion à Hermione?

■ SUR L'ENSEMBLE DE L'ACTE II. — Structure de l'acte : comment se répartissent, entre les principaux personnages, les grandes scènes de cet acte, et dans quel ordre? La symétrie entre la première et la dernière scène : quelle parenté psychologique révèle-t-elle entre Hermione et Pyrrhus? — Le parallélisme entre la scène II et la scène IV du premier acte : en quoi ces deux scènes laissent-elles présumer qu'il n'y a pas de solution possible au conflit passionnel qui bouleverse les quatre principaux personnages?

— L'évolution de l'action : montrez que l'essentiel de l'acte, par l'apparition d'Hermione et le revirement de Pyrrhus (scène IV), est de faire entrer Oreste dans l'univers de déraison où étaient déjà Pyrrhus et Hermione. — Comparez la fin des deux premiers actes : les deux « décisions » de Pyrrhus peuvent-elles donner la certitude qu'Andromaque est perdue?

ORESTE

Non, tes conseils ne sont plus de saison,
Pylade, je suis las d'écouter la raison.[1]
C'est traîner trop longtemps ma vie et mon supplice.
Il faut que je l'enlève[2], ou bien que je périsse;
715 Le dessein en est pris, je le veux achever.
Oui, je le veux.

PYLADE

Hé bien, il la faut enlever;
J'y consens. Mais songez cependant où vous êtes.
Que croira-t-on de vous, à voir ce que vous faites?
Dissimulez : calmez ce transport* inquiet[3];
720 Commandez à vos yeux de garder le secret.
Ces gardes, cette cour, l'air qui vous environne,
Tout dépend de Pyrrhus, et surtout Hermione.
A ses regards surtout cachez votre courroux*.
O dieux! en cet état pourquoi la cherchiez-vous?

ORESTE

725 Que sais-je? De moi-même étais-je alors le maître?
La fureur* m'emportait, et je venais peut-être
Menacer à la fois l'ingrate* et son amant[4].

PYLADE

Et quel était[5] le fruit de cet emportement?

ORESTE

Et quelle âme, dis-moi, ne serait éperdue
730 Du coup* dont ma raison vient d'être confondue?
Il épouse, dit-il, Hermione demain;
Il veut, pour m'honorer, la tenir de ma main.
Ah! plutôt cette main dans le sang du barbare...

---

1. Racine se souviendra de ces deux vers dans *Phèdre* (III, I, vers 791-792);
2. *l'* : il s'agit d'Hermione; 3. *Inquiet* : agité, remuant; 4. Voir vers 116 et la note;
5. Imparfait de l'indicatif au sens du conditionnel passé.

--- **QUESTIONS** ---

● Vers 709-715. Qu'est-ce qui a déclenché la colère d'Oreste? Le ton
est tout de suite beaucoup plus monté que dans le deuxième acte;
en était-il de même au début de l'acte II par rapport à l'acte premier?
— Est-ce la première fois qu'Oreste pense à enlever Hermione (voir
vers 100)?

● Vers 716-733. Le rôle du confident : heurte-t-il de front le projet
d'Oreste? Par quels moyens essaie-t-il de le faire revenir à la raison?
Importance du vers 733 pour le dénouement.

pas votre ennemi

PYLADE

Vous l'accusez, seigneur, de ce destin* bizarre[1].
735 Cependant, tourmenté de ses propres desseins,
Il est peut-être à plaindre autant que je vous plains. *pitié*

Il est content que se souffre

ORESTE

Non, non; je le connais, mon désespoir le flatte[2] :
Sans moi, sans mon amour, il dédaignait l'ingrate*;
Ses charmes* jusque-là n'avaient pu le toucher :
740 Le cruel* ne la prend que pour me l'arracher.
Ah! dieux! c'en était fait : Hermione gagnée
Pour jamais de sa vue allait être éloignée;
Son cœur, entre l'amour et le dépit confus[3],
Pour se donner à moi n'attendait qu'un refus;
745 Ses yeux s'ouvraient, Pylade; elle écoutait Oreste,
Lui parlait, le plaignait. Un mot eût fait le reste.

PYLADE

Vous le croyez?

ORESTE

Hé quoi! ce courroux* enflammé
Contre un ingrat*...

PYLADE

Jamais il ne fut plus aimé.
Pensez-vous, quand Pyrrhus vous l'aurait accordée,
750 Qu'un prétexte tout prêt ne l'eût pas retardée?
M'en croirez-vous? Lassé de ses trompeurs attraits,
Au lieu de l'enlever, fuyez-la pour jamais.
Quoi? votre amour se veut charger d'une furie
Qui vous détestera, qui, toute votre vie,
755 Regrettant un hymen tout prêt à s'achever,
Voudra...

ORESTE

Hermione

C'est pour cela que je veux l'enlever.
Tout lui rirait, Pylade; et moi, pour mon partage,

---

1. *Bizarre* : extravagant, capricieux; le sens actuel est plus faible; 2. *Flatter* : faire plaisir à; 3. *Confus* : hésitant, incertain.

--- **QUESTIONS** ---

● Vers 734-746. Oreste, qui était si lucide pendant les deux premiers actes, n'a-t-il pas changé? — Pourquoi se trompe-t-il sur les motifs de Pyrrhus (revoir II, IV)? Dirait-il la même chose s'il connaissait le marchandage entre le roi et Andromaque? — Pourquoi se fait-il illusion sur les intentions d'Hermione?

Je n'emporterais donc qu'une inutile rage ?
J'irais loin d'elle encor tâcher de l'oublier ?
760 Non, non, à mes tourments je veux l'associer.
C'est trop gémir tout seul. Je suis las qu'on me plaigne :
Je prétends qu'à mon tour l'inhumaine[1] me craigne,
Et que ses yeux* cruels*, à pleurer condamnés,
Me rendent tous les noms que je leur ai donnés.

PYLADE

765 Voilà donc le succès[2] qu'aura votre ambassade :
Oreste ravisseur !

ORESTE

Et qu'importe, Pylade ?
Quand nos États vengés jouiront de mes soins*,
L'ingrate* de mes pleurs jouira-t-elle moins ?
Et que me servira que la Grèce m'admire,
770 Tandis que je serai la fable de l'Épire ?
Que veux-tu ? Mais, s'il faut ne te rien déguiser,
Mon innocence enfin commence à me peser.
Je ne sais de tout temps quelle injuste puissance
Laisse le crime en paix et poursuit l'innocence.
775 De quelque part sur moi que je tourne les yeux[3],
Je ne vois que malheurs qui condamnent les dieux[4].
Méritons leur courroux*, justifions leur haine*,
Et que le fruit du crime en précède la peine.

---

1. Voir vers 26 et la note; 2. Voir vers 647 et la note; 3. Quelle que soit la période de ma vie que je considère; 4. Ces malheurs, étant immérités, font éclater l'injustice des dieux.

─────── **QUESTIONS** ───────

● Vers 747-764. Pourquoi Pylade révèle-t-il maintenant à Oreste ce qu'il avait dissimulé aux vers 129-132 ? Importance du vers 752 dans l'évolution de la scène. — Si Oreste s'est trompé aux vers 741-746, ce qu'il dit maintenant est-il vrai ? Montrez que les héros de Racine justifient en paroles par n'importe quel motif un projet qui leur est dicté par la force occulte de leur passion. — Dans le théâtre de Racine, l'amour consiste-t-il à vouloir le bonheur de la personne aimée (vers 760-864) ?

● Vers 765-770. Deuxième motif d'enlever Hermione. Oreste a-t-il de l'amour-propre ? Que pensez-vous de l'amour d'Oreste pour qui le jugement de la femme qu'il aime compte plus que celui de la terre entière ?

● Vers 771-778. Montrez qu'Oreste retrouve sa lucidité. La lassitude peut-elle précipiter un homme dans la révolte ?

Mais toi, par quelle erreur veux-tu toujours sur toi
780 Détourner un courroux* qui ne cherche que moi?
Assez et trop longtemps mon amitié t'accable :
Évite un malheureux, abandonne un coupable.
Cher Pylade, crois-moi, ta pitié te séduit[1].
Laisse-moi des périls dont j'attends tout le fruit.
785 Porte aux Grecs cet enfant que Pyrrhus m'abandonne.
Va-t'en.

PYLADE

Allons, seigneur, enlevons Hermione.
Au travers des périls un grand cœur[2] se fait jour.
Que ne peut l'amitié conduite par l'amour?
Allons de tous vos Grecs encourager le zèle.
790 Nos vaisseaux sont tout prêts, et le vent nous appelle.
Je sais de ce palais tous les détours obscurs ;
Vous voyez que la mer en vient battre les murs;
Et cette nuit, sans peine, une secrète voie
Jusqu'en votre vaisseau conduira votre proie.

ORESTE

795 J'abuse, cher ami, de ton trop d'amitié;
Mais pardonne à des maux dont toi seul as pitié;
Excuse un malheureux qui perd tout ce qu'il aime,
Que tout le monde hait*, et qui se hait* lui-même.
Que ne puis-je à mon tour dans un sort plus heureux...

PYLADE

800 Dissimulez, seigneur; c'est tout ce que je veux.
Gardez[3] qu'avant le coup* votre dessein n'éclate :
Oubliez jusque-là qu'Hermione est ingrate* ;
Oubliez votre amour. Elle vient, je la voi[4].

---

1. *Séduire* : égarer, détourner du droit chemin; var. : *Cher Pylade, crois-moi, mon tourment me suffit* (1668-1687); 2. *Cœur* : courage; 3. *Garder que* : éviter que; 4. Voir vers 688 et la note.

● **QUESTIONS** ●

● Vers 779-786. La générosité d'Oreste. Pourquoi Racine prend-il bien soin de ne pas faire de lui un monstre?
● Vers 786-794. La passion de l'amitié chez Pylade : montrez qu'elle l'emporte ici sur la raison. Quelle assurance Pylade donne-t-il à Oreste en exposant un plan pratique d'enlèvement? — Caractérisez la poésie qui se dégage de l'évocation purement imaginaire du palais et de la mer; comparez le vers 791 au vers 1424 de *Bajazet*.

ORESTE

Va-t'en. Réponds-moi d'elle, et je réponds de moi.

Scène II. — HERMIONE, ORESTE, CLÉONE.

ORESTE

805 Hé bien, mes soins* vous ont rendu votre conquête;
J'ai vu Pyrrhus, madame, et votre hymen s'apprête.

HERMIONE

On le dit; et de plus on vient de m'assurer
Que vous ne me cherchiez que pour m'y préparer.

ORESTE

Et votre âme à ses vœux* ne sera pas rebelle?

HERMIONE

810 Qui l'eût cru que Pyrrhus ne fût point infidèle*?
Que sa flamme attendrait si tard pour éclater?
Qu'il reviendrait à moi, quand je l'allais quitter?
Je veux croire avec vous qu'il redoute la Grèce,
Qu'il suit son intérêt plutôt que sa tendresse,
815 Que mes yeux* sur votre âme étaient plus absolus[1].

ORESTE

Non, madame; il vous aime, et je n'en doute plus.
Vos yeux* ne font-ils pas tout ce qu'ils veulent faire?
Et vous ne vouliez pas, sans doute, lui déplaire.

---

1. *Absolu sur :* qui a un pouvoir absolu sur.

——— QUESTIONS ———

● Vers 795-804. N'y a-t-il pas ici un curieux renversement des rôles? Tandis qu'Oreste se laisse aller aux effusions de l'amitié, pourquoi Pylade l'interrompt-il? Sur quel ton s'adresse-t-il à Oreste?

■ Sur l'ensemble de la scène première. — Le double mouvement de la scène : comment Oreste passe-t-il de l'exaltation forcenée au calme et à la clarté d'esprit? Comment Pylade en vient-il à organiser lui-même l'enlèvement dont le projet lui avait paru insensé?

— La place de la scène dans l'action : montrez qu'il s'agit d'une scène de préparation.

— Le caractère d'Oreste : comment un homme qui n'est pas méchant, et qui est en général lucide, s'engage-t-il, par un mouvement de révolte contre le destin, dans la voie du crime?

● Vers 805-809. Dans quel état d'esprit Hermione aborde-t-elle Oreste qu'elle n'a pas vu depuis la scène II de l'acte II? Expliquez *On le dit* (vers 807) : que dissimule tant de modération? — Le ton d'Oreste : comment s'y prend-il pour faire oublier lui aussi la scène II de l'acte II?

HERMIONE

Mais que puis-je, seigneur? On a promis ma foi :
820 Lui ravirai-je un bien qu'il ne tient pas de moi?
L'amour ne règle pas le sort d'une princesse :
La gloire d'obéir est tout ce qu'on nous laisse.
Cependant je partais; et vous avez pu voir
Combien je relâchais pour vous de mon devoir[1].

ORESTE

825 Ah! que vous saviez bien, cruelle*... Mais, madame,
Chacun peut à son choix disposer de son âme.
La vôtre était à vous. J'espérais; mais enfin
Vous l'avez pu donner sans me faire un larcin.
Je vous accuse aussi bien moins que la fortune.
830 Et pourquoi vous lasser d'une plainte importune?
Tel est votre devoir, je l'avoue; et le mien
Est de vous épargner un si triste* entretien.

SCÈNE III. — HERMIONE, CLÉONE.

HERMIONE

Attendais-tu, Cléone, un courroux* si modeste[2]?

CLÉONE

La douleur qui se tait n'en est que plus funeste*.
835 Je le plains, d'autant plus qu'auteur[3] de son ennui*

---

1. *Relâcher de son devoir* : abandonner de sa rigueur dans l'accomplissement du devoir; nous dirions aujourd'hui *se relâcher*; 2. *Modeste* : modéré; 3. Nouvel exemple d'apposition ne se rapportant pas au sujet du verbe (voir vers 649 et la note).

— QUESTIONS —

● VERS 810-824. Établissez le compte des mensonges et des manifestations de mauvaise foi dans les paroles d'Hermione. Distinguez ce qui est dit pour ménager la colère d'Oreste, et ce qui est le résultat des illusions d'Hermione.

● VERS 825-832. Par quels mots comprenons-nous que le manque de franchise d'Hermione fait souffrir Oreste? — Son retour à la dissimulation : montrez qu'il y est poussé non seulement parce qu'il se souvient des conseils de Pylade, mais aussi parce qu'il s'y croit autorisé par la dissimulation d'Hermione.

■ SUR L'ENSEMBLE DE LA SCÈNE II. — Avec quel intérêt le spectateur a-t-il attendu et suivi cette scène? S'attendait-on qu'Oreste puisse ainsi se contenir? Vers quel dénouement semble-t-on s'avancer?

— Qui est le plus odieux, Hermione ou Oreste? Cette scène n'est-elle pas une de celles dont l'atmosphère est le plus étouffante?

Le coup* qui l'a perdu n'est parti que de lui.
Comptez depuis quel temps votre hymen se prépare :
Il a parlé, madame, et Pyrrhus se déclare.

HERMIONE

Tu crois que Pyrrhus craint? Et que craint-il encor?
840 Des peuples qui, dix ans, ont fui devant Hector;
Qui cent fois, effrayés de l'absence d'Achille,
Dans leurs vaisseaux brûlants[1] ont cherché leur asile,
Et qu'on verrait encor, sans l'appui de son fils,
Redemander Hélène aux Troyens impunis?
845 Non, Cléone, il n'est point ennemi de lui-même :
Il veut tout ce qu'il fait; et, s'il m'épouse, il m'aime.
Mais qu'Oreste à son gré m'impute ses douleurs :
N'avons-nous d'entretien que celui de ses pleurs?
Pyrrhus revient à nous. Hé bien! chère Cléone,
850 Conçois-tu les transports* de l'heureuse Hermione?
Sais-tu quel[2] est Pyrrhus? T'es-tu fait raconter
Le nombre des exploits... Mais qui les peut compter?
Intrépide, et partout suivi de la victoire,
Charmant*, fidèle enfin, rien ne manque à sa gloire.
855 Songe...

CLÉONE

Dissimulez; votre rivale en pleurs
Vient à vos pieds, sans doute, apporter ses douleurs.

HERMIONE

Dieux! ne puis-je à ma joie abandonner mon âme?
Sortons : que lui dirais-je?

---

1. L'accord du participe présent employé comme un verbe est admis au XVIIe s.;
2. Voir vers 155 et la note.

QUESTIONS

● VERS 833-838. Comparez aux vers 805-806 l'explication donnée ici par Cléone : peut-on reprocher à Cléone de manquer de lucidité?
● VERS 839-858. L'explication donnée par Hermione n'est-elle pas encore plus fausse? Quel sentiment, surtout après la scène précédente, la pousse à triompher? — Relevez les traits d'égoïsme dans la joie : comment Racine a-t-il cependant conservé à Hermione un certain charme? — Est-elle exempte de toute inquiétude? Importance du vers 846.

■ SUR L'ENSEMBLE DE LA SCÈNE III. — L'effet de cette scène de détente dans le mouvement général de l'acte; le spectateur participe-t-il pleinement à la joie d'Hermione? Comparez la situation d'Hermione à celle d'Oreste dans la scène III de l'acte III.

Scène IV. — ANDROMAQUE, HERMIONE, CLÉONE, CÉPHISE.

ANDROMAQUE

Où fuyez-vous, madame?
N'est-ce pas à vos yeux un spectacle assez doux
860 Que la veuve d'Hector pleurante[1] à vos genoux?
Je ne viens point ici, par de jalouses larmes,
Vous envier un cœur qui se rend à vos charmes*.
Par une main cruelle*, hélas! j'ai vu percer[2]
Le seul[3] où mes regards prétendaient s'adresser :
865 Ma flamme par Hector fut jadis allumée;
Avec lui dans la tombe elle s'est enfermée.
Mais il me reste un fils. Vous saurez quelque jour,
Madame, pour un fils jusqu'où va notre amour;
Mais vous ne saurez pas, du moins je le souhaite,
870 En quel trouble mortel son intérêt[4] nous jette,
Lorsque de tant de biens qui pouvaient nous flatter[5],
C'est le seul qui nous reste, et qu'on veut nous l'ôter.
Hélas! lorsque, lassés de dix ans de misère,
Les Troyens en courroux* menaçaient votre mère,
875 J'ai su de mon Hector lui procurer l'appui[6] :
Vous pouvez sur Pyrrhus ce que j'ai pu sur lui.

---

1. Voir vers 842 et la note; 2. Var. : *Par les mains de son père, hélas! j'ai vu percer* (1668-1676); 3. Racine joue sur les sens du mot *cœur*, l'employant d'abord au sens figuré, puis au sens propre; 4. L'intérêt qu'on a pour lui; 5. Voir vers 737; 6. Dans le chant XXIV de *l'Iliade* (768-771), Hélène, pleurant la mort d'Hector, qui la protégeait contre la haine des Troyens, dit : « De toi, jamais je n'entendis mot méchant ni amer. Au contraire, si quelque autre dans le palais me critiquait [...], c'était toi qui les retenais, les persuadais par tes avis, ta douceur, tes mots apaisants. »

QUESTIONS

● VERS 859-860. A quel sentiment habituel chez Hermione Andromaque fait-elle appel pour forcer la princesse à l'écouter? Tout cela n'implique-t-il pas un certain dédain pour Hermione?

● VERS 861-866. Première partie. Quel en est le dessein? Il s'y trouve un propos particulièrement habile : lequel?

● VERS 867-872. Deuxième partie : De quelle nature est l'argument employé? Trouvez deux propos destinés à faire plaisir à Hermione.

● VERS 873-876. Troisième partie : bien qu'elle ne puisse s'empêcher de rappeler qu'Hélène a été la cause de bien des malheurs, Andromaque n'emploie-t-elle pas un argument qui peut toucher Hermione?

Que craint-on d'un enfant qui survit à sa perte[1]?
Laissez-moi le cacher en quelque île déserte;
Sur les soins* de sa mère on peut s'en assurer[2],
880 Et mon fils avec moi n'apprendra qu'à pleurer.

HERMIONE

Je conçois vos douleurs; mais un devoir austère,
Quand mon père a parlé, m'ordonne de me taire. *elle n'a*
C'est lui qui de Pyrrhus fait agir le courroux*. *pas*
S'il faut fléchir Pyrrhus, qui le peut mieux que vous? *une*
885 Vos yeux* assez longtemps ont régné sur son âme. *idée*
Faites-le prononcer[3] : j'y souscrirai, madame.

Elle est faible. Pourquoi l'envoie

SCÈNE V. — ANDROMAQUE, CÉPHISE.

ANDROMAQUE

Quel mépris la cruelle* attache à ses refus!

CÉPHISE

Je croirais ses conseils, et je verrais Pyrrhus.
Un regard confondrait Hermione et la Grèce...
890 Mais lui-même il vous cherche.

---

1. *Sa* est équivoque; on peut comprendre : « Qui survit à la mort d'Hector »,
ou « qui survit après avoir tout perdu »; le premier sens semble le meilleur; 2. *S'en*
assurer : s'en reposer avec assurance; 3. *Prononcer* : décider.

―――――― **QUESTIONS** ――――――

● Vers 877-880. Montrez que cette conclusion contient le meilleur
moyen de persuader Hermione.
● Vers 881-886. Sur quel ton est faite cette réponse? Hermione a-t-elle
des raisons logiques de refuser? Quelle passion détermine sa réaction?

■ Sur l'ensemble de la scène IV. — Y a-t-il eu déjà d'autres rencontres
entre les deux femmes? Est-il vraisemblable qu'Andromaque cherche
à voir Hermione dans les circonstances présentes? A quelle solution
Andromaque espère-t-elle toujours parvenir (voir vers 348-350)?
— Le caractère d'Andromaque : si grande que soit sa dignité, n'a-t-elle
pas « préparé » cette entrevue? La réaction d'Hermione serait-elle
la même si Andromaque suppliait et s'humiliait?
— Importance de cette scène pour l'action : quelle est sa place dans
l'acte III et dans l'ensemble de la tragédie? — Comparez cette scène
à la scène d'Euripide citée page 118.

■ Sur la scène v. — Utilité de cette scène pour faire le point de la
situation.

SCÈNE VI. — PYRRHUS, ANDROMAQUE, PHŒNIX, CÉPHISE.

Commencer à dire son, à changer

PYRRHUS, *à Phœnix.*

Où donc est la princesse[1]?
Ne m'avais-tu pas dit qu'elle était en ces lieux?

PHŒNIX

Je le croyais.

ANDROMAQUE, *à Céphise.*

Tu vois le pouvoir de mes yeux*!

PYRRHUS

Que dit-elle, Phœnix?

ANDROMAQUE

Hélas! tout m'abandonne.

PHŒNIX

Allons, seigneur, marchons sur les pas d'Hermione.

CÉPHISE

895 Qu'attendez-vous? Rompez ce silence obstiné.

ANDROMAQUE

Il a promis mon fils.

CÉPHISE

Il ne l'a pas donné.

ANDROMAQUE

Non, non, j'ai beau pleurer, sa mort est résolue.

PYRRHUS

Daigne-t-elle sur nous tourner au moins la vue?
Quel orgueil!

---

1. Hermione.

● QUESTIONS

● VERS 890-891. Pyrrhus manque Hermione de quelques secondes. S'il l'avait rencontrée au lieu d'Andromaque, comment auraient tourné les événements? Cherchez dans la pièce d'autres effets de ce hasard créé par le poète.

SARAH
BERNHARDT DANS
LE RÔLE
D'HERMIONE (1903)

Costumes et décor
reflètent certain goût
du « pittoresque ».

Phot. Larousse.

ANDROMAQUE

Je ne fais que l'irriter encor,

900 Sortons.

PYRRHUS

Allons aux Grecs livrer le fils d'Hector[1].

ANDROMAQUE

Ah! seigneur, arrêtez! Que prétendez-vous faire?
Si vous livrez le fils, livrez-leur donc la mère!
Vos serments m'ont tantôt juré tant d'amitié[2]!
Dieux! ne pourrai-je au moins toucher votre pitié[3]?
905 Sans espoir de pardon m'avez-vous condamnée?

PYRRHUS

Phœnix vous le dira, ma parole est donnée.

ANDROMAQUE

Vous qui braviez pour moi tant de périls divers[4].

PYRRHUS

J'étais aveugle alors; mes yeux se sont ouverts.
Sa grâce à vos désirs pouvait être accordée;
910 Mais vous ne l'avez pas seulement demandée :
C'en est fait.

ANDROMAQUE

Ah! seigneur, vous entendiez[5] assez
Des soupirs qui craignaient de se voir repoussés.
Pardonnez à l'éclat d'une illustre fortune[6]
Ce reste de fierté qui craint d'être importune.
915 Vous ne l'ignorez pas : Andromaque, sans vous,

---

1. Pyrrhus prononce ce vers tout haut pour vaincre le silence d'Andromaque;
2. *Amitié* : amour; 3. Var. : *Dieux! n'en reste-t-il pas du moins quelque pitié?* (1668-1676); 4. *Divers* : contraires entre eux, venus de directions opposées; 5. *Entendre* : comprendre; 6. *Fortune* : condition, situation sociale.

─────── QUESTIONS ───────

● VERS 893-900. Imaginez la mise en scène de cette rencontre. Pourquoi les contemporains ont-ils ri en entendant ce passage? Racine a-t-il volontairement fait perdre à ses personnages la dignité tragique?
● VERS 901-905. Andromaque fait-elle quelque concession de plus qu'à la fin de la scène IV de l'acte premier? Sa « coquetterie » est-elle différente? Quel est le seul mot, d'ailleurs discret, qu'elle n'aurait pas prononcé au début de la pièce?

rite de supplication

N'aurait jamais d'un maître embrassé les genoux[1].

PYRRHUS

Non, vous me haïssez*; et dans le fond de l'âme
Vous craignez de devoir quelque chose à ma flamme.
Ce fils même, ce fils, l'objet de tant de soins*,
920 Si je l'avais sauvé, vous l'en aimeriez moins.
La haine*, le mépris*, contre moi tout s'assemble :
Vous me haïssez* plus que tous les Grecs ensemble.
Jouissez à loisir d'un si noble courroux*.
Allons, Phœnix.

ANDROMAQUE

Allons rejoindre mon époux.

CÉPHISE

925 Madame...

ANDROMAQUE, *à Céphise.*

Et que veux-tu que je lui dise encore ?
Auteur de tous mes maux, crois-tu qu'il les ignore ?
(A Pyrrhus.)
Seigneur, voyez l'état où vous me réduisez.
J'ai vu mon père mort[2] et nos murs embrasés ;
J'ai vu trancher les jours de ma famille entière,
930 Et mon époux sanglant traîné sur la poussière,
Son fils seul avec moi, réservé pour les fers*.
Mais que ne peut un fils ? Je respire, je sers[3].
J'ai fait plus : je me suis quelquefois consolée

dit qu'elle pense que P. le protégerait

---

1. Souvenir des *Troyennes*, de Sénèque (692-694) : « Je tombe en suppliante à vos genoux, Ulysse, et cette main qui n'a touché les pieds de personne, je l'approche de vos pieds. » Chez les Grecs et les Romains, les suppliants entouraient de leurs bras les genoux de celui qu'ils imploraient ; 2. Voir vers 279 et la note ; 3. Je suis en vie, je suis esclave.

QUESTIONS

● VERS 906-916. Les efforts de Pyrrhus pour persuader Andromaque — et plus encore lui-même — qu'il ne peut revenir en arrière. Quelle concession importante fait Andromaque (vers 911-916) ?
● VERS 917-923. Vérité et erreur dans cette réplique de Pyrrhus : l'intérêt psychologique du vers 920. Comparez les sentiments de Pyrrhus à ceux qu'il exprime aux vers 365-370.
● VERS 923-927. Imaginez l'attitude et les mouvements des trois personnages à ce moment.
● VERS 928-947. Comparez ce passage aux vers 305-310 : ressemblance dans les arguments, différence dans le ton ; pourquoi ? L'invocation à Hector (vers 940-946) peut-elle ici susciter la jalousie de Pyrrhus ? Comparez les derniers vers aux vers 375-378. — Pourquoi Pyrrhus écarte-t-il Phœnix (vers 947) ?

Qu'ici, plutôt qu'ailleurs, le sort m'eût exilée;
935 Qu'heureux dans son malheur, le fils de tant de rois,
Puisqu'il devait servir, fût tombé sous vos lois :
J'ai cru que sa prison deviendrait son asile.
Jadis Priam soumis fut respecté d'Achille[1].
J'attendais de son fils encor plus de bonté.
940 Pardonne, cher Hector, à ma crédulité!
Je n'ai pu soupçonner ton ennemi d'un crime;
Malgré lui-même enfin je l'ai cru magnanime.
Ah! s'il l'était assez pour nous laisser du moins
Au tombeau qu'à ta cendre ont élevé mes soins*[2],
945 Et que, finissant là sa haine* et nos misères,
Il ne séparât point des dépouilles si chères!

PYRRHUS

Va m'attendre, Phœnix.

SCÈNE VII. — PYRRHUS, ANDROMAQUE, CÉPHISE.

*Tout doit se passer
en 2 th. lmes*

PYRRHUS *continue.*

Madame, demeurez.
On peut vous rendre encor ce fils que vous pleurez.
Oui, je sens à regret qu'en excitant vos larmes
950 Je ne fais contre moi que vous donner des armes :
Je croyais apporter plus de haine* en ces lieux.
Mais, madame, du moins tournez vers moi les yeux;
Voyez si mes regards sont d'un juge sévère,
S'ils sont d'un ennemi qui cherche à vous déplaire.
955 Pourquoi me forcez-vous vous-même à vous trahir?
Au nom de votre fils, cessons de nous haïr*.

---

1. Allusion à l'accueil généreux qu'Achille fit à Priam venu pour demander le corp de son fils (*l'Iliade*, XXIV, vers 468-512); 2. Voir les vers de Virgile cités au début de la Préface.

--- **QUESTIONS** ---

■ SUR L'ENSEMBLE DE LA SCÈNE VI. — La composition de cette scène : ses différents moments; comment se manifeste visuellement l'état d'âme des personnages?

— Comparez cette scène à la scène IV de l'acte premier. Andromaque a-t-elle de nouveaux arguments pour défendre la cause d'Astyanax? Montrez que c'est surtout le ton qui est devenu plus pathétique; pourquoi? Peut-elle rêver que Pyrrhus va sauver Astyanax, sans lui demander à elle-même de l'épouser, puisqu'il vient de s'engager définitivement avec Hermione?

— L'attitude de Pyrrhus : montrez qu'il refait en sens inverse le chemin parcouru à la scène IV de l'acte premier.

A le sauver enfin c'est moi qui vous convie.
Faut-il que mes soupirs vous demandent sa vie?
Faut-il qu'en sa faveur j'embrasse vos genoux[1]?
960 Pour la dernière fois, sauvez-le, sauvez-nous.
Je sais de quels serments je romps pour vous les chaînes,
Combien je vais sur moi faire éclater de haines*.
Je renvoie Hermione, et je mets sur son front,   *Il ne veut pas*
Au lieu de ma couronne, un éternel affront.   *le faire, mais*
965 Je vous conduis au temple où son hymen s'apprête;   *il n'a pas*
Je vous ceins du bandeau préparé pour sa tête.   *le choix*
Mais ce n'est plus, madame, une[2] offre à dédaigner;
Je vous le dis : il faut ou périr ou régner.
Mon cœur, désespéré d'un an d'ingratitude*,   *pas de tout*
970 Ne peut plus de son sort souffrir l'incertitude.   *changer*
C'est craindre, menacer, et gémir trop longtemps.
Je meurs si je vous perds; mais je meurs si j'attends.
Songez-y : je vous laisse, et je viendrai vous prendre
Pour vous mener au temple où ce fils doit m'attendre;
975 Et là vous me verrez, soumis ou furieux,
Vous couronner, madame, ou le perdre[3] à vos yeux[4].

Scène VIII. — ANDROMAQUE, CÉPHISE.

CÉPHISE

Je vous l'avais prédit, qu'en dépit de la Grèce,
De votre sort encor vous seriez la maîtresse.

---

1. Voir vers 916 et la note; 2. Quelques éditions portent *un* offre, le genre du mot étant encore incertain; 3. *Perdre* : faire périr; 4. Souvenir de *Pertharite* (III, I) : « C'est à vous d'y penser; tout le choix qu'on vous donne, | C'est d'accepter pour lui la mort ou la couronne. | Son sort est en vos mains : aimer ou dédaigner | Le va faire périr ou le faire régner ».

--------- ● QUESTIONS ---------

● Vers 947-960. La « naïveté » de Pyrrhus (vers 951). L'importance du vers 955 : ne contient-il pas toute l'explication de la scène IV de l'acte premier? Comparez le *nous* du vers 956 à ceux des vers 323-324 et à celui du vers 360 : à quel sentiment Pyrrhus fait-il ici appel?
● Vers 961-976. Le changement de ton au vers 961 : en passant de la tendresse à la menace, Pyrrhus est-il moins sincère? — Le sens du vers 968 : sur qui pèse le danger de mort? Comparez l'ultimatum de Pyrrhus à celui des vers 363-372 : peut-il y avoir maintenant une échappatoire pour Andromaque? — La lucidité de Pyrrhus au vers 971.
■ Sur l'ensemble de la scène VII. — Composition de la tirade; en quoi son rythme trahit-il l'émotion de Pyrrhus?
   — Pyrrhus en revient à la situation de l'acte premier; mais les circonstances sont-elles les mêmes? Qu'est-ce qui rend maintenant la décision nécessaire et irréversible?

ANDROMAQUE

Hélas! de quel effet[1] tes discours sont suivis!
980 Il ne me restait plus qu'à condamner mon fils.

CÉPHISE

Madame, à votre époux c'est être assez fidèle :
Trop de vertu pourrait vous rendre criminelle.
Lui-même il porterait votre âme à la douceur.

ANDROMAQUE

Quoi! je lui donnerais Pyrrhus pour successeur?

CÉPHISE

985 Ainsi le veut son fils, que les Grecs vous ravissent.
Pensez-vous qu'après tout ses mânes en rougissent[2]?
Qu'il méprisât[3], madame, un roi victorieux
Qui vous fait remonter au rang de vos aïeux,
Qui foule aux pieds pour vous vos vainqueurs en colère,
990 Qui ne se souvient plus qu'Achille était son père,
Qui dément ses exploits et les rend superflus?

ANDROMAQUE

Dois-je les oublier, s'il ne s'en souvient plus?
Dois-je oublier Hector privé de funérailles,
Et traîné sans honneur autour de nos murailles[4]?
995 Dois-je oublier son père[5] à mes pieds renversé,
Ensanglantant l'autel qu'il tenait embrassé[6]?
Songe, songe, Céphise, à cette nuit cruelle*
Qui fut pour tout un peuple une nuit éternelle[7];
Figure-toi Pyrrhus, les yeux étincelants,
1000 Entrant à la lueur de nos palais brûlants[8],
Sur tous mes frères morts[9] se faisant un passage,
Et, de sang tout couvert, échauffant le carnage;
Songe aux cris des vainqueurs, songe aux cris des mourants,
Dans la flamme étouffés, sous le fer expirants;

---

1. *Effet :* résultat; 2. Les mânes n'apparaissent que dans la religion romaine;
cet anachronisme n'était pas senti au XVIIᵉ s.; 3. Voir vers 278 et la note; 4. Achille
avait attaché à son char le cadavre d'Hector (*l'Iliade*, chant XXII); 5. Priam;
6. Souvenir de *l'Énéide* (vers 550-553); 7. Racine s'inspire ici du récit analogue
de Virgile (*l'Énéide*, II, 499 et suiv.). Voir la Documentation thématique; 8. Voir
vers 842 et la note; 9. Les sept frères d'Andromaque avaient été en réalité tués
auparavant par Achille; peut-être désigne-t-elle ainsi ses beaux-frères.

————— QUESTIONS —————

●Vers 977-991. N'est-il pas fréquent, dans les tragédies, que la voix
du confident soit celle des sentiments vulgaires?

1005 Peins-toi dans ces horreurs Andromaque éperdue :
Voilà comme¹ Pyrrhus vint s'offrir à ma vue;
Voilà par quels exploits il sut se couronner;
Enfin voilà l'époux que tu me veux donner.
Non, je ne serai point complice de ses crimes;
1010 Qu'il nous prenne, s'il veut, pour dernières victimes.
Tous mes ressentiments lui seraient asservis².

CÉPHISE

Hé bien! allons donc voir expirer votre fils.
On n'attend plus que vous... Vous frémissez, madame!

ANDROMAQUE

Ah! de quel souvenir viens-tu frapper mon âme!
1015 Quoi! Céphise, j'irai voir expirer encor
Ce fils, ma seule joie et l'image d'Hector!
Ce fils, que de sa flamme il me laissa pour gage!
Hélas! je m'en souviens, le jour que³ son courage
Lui fit chercher Achille, ou plutôt le trépas,
1020 Il demanda son fils et le prit dans ses bras⁴ :
« Chère épouse, dit-il en essuyant mes larmes,
J'ignore quel succès⁵ le sort garde à mes armes;
Je te laisse mon fils pour gage de ma foi :
S'il me perd, je prétends qu'il me retrouve en toi.
1025 Si d'un heureux hymen la mémoire t'est chère,
Montre au fils à quel point tu chérissais le père. »

---

1. Voir vers 57 et la note; 2. Vers obscur, qui signifie qu'en épousant Pyrrhus Andromaque devrait faire taire ses ressentiments, condamnés au silence de la servitude; 3. Voir vers 11 et la note; 4. Souvenir de la scène des adieux d'Hector et d'Andromaque (*l'Iliade*, VI, 474-482); 5. Voir vers 647 et la note.

--- QUESTIONS ---

●Vers 992-1011. Pourquoi Andromaque n'admet-elle pas cette revanche sur Achille que lui propose Céphise? Son respect d'Hector et son respect d'elle-même. — L'inspiration épique dans ce passage : par quels traits peut-on dire que cette description du sac de Troie rappelle les peintures baroques? Relevez les procédés de rhétorique. — Comparez cette description au passage de l'Enéide, chant II, cité page 119. — D'après le *nous* du vers 1010, quelle résolution Andromaque a-t-elle déjà prise?
● Vers 1012-1013. Comparez ces vers aux vers 681-683 : comment se justifie le ton d'ironie mordante de la part d'une confidente?
●Vers 1014-1026. Que pensez-vous de l'amour maternel d'Andromaque? Parle-t-elle ici de l'enfant ou d'Hector? — Racine a refait les paroles d'Hector (voir la Documentation thématique) : comparez son texte à celui d'Homère. — Le souvenir de la guerre de Troie plane sur toute la tragédie; pourquoi se traduit-il ici par des images plus concrètes?

Et je puis voir répandre un sang* si précieux!
Et je laisse avec lui périr tous ses aïeux!
Roi barbare, faut-il que mon crime l'entraîne[1]?
1030 Si je te hais*, est-il coupable de ma haine*?
T'a-t-il de tous les siens reproché le trépas?
S'est-il plaint à tes yeux des maux qu'il ne sent pas?
Mais cependant, mon fils, tu meurs si je n'arrête
Le fer que le cruel* tient levé sur ta tête.
1035 Je l'en puis détourner, et je t'y vais offrir?
Non, tu ne mourras point : je ne le puis souffrir.
Allons trouver Pyrrhus. Mais non, chère Céphise,
Va le trouver pour moi.

CÉPHISE

Que faut-il que je dise?

ANDROMAQUE

Dis-lui que de mon fils l'amour[2] est assez fort...
1040 Crois-tu que dans son cœur il ait juré sa mort?
L'amour peut-il si loin pousser sa barbarie?

CÉPHISE

Madame, il va bientôt revenir en furie.

ANDROMAQUE

Hé bien! va l'assurer...

CÉPHISE

De quoi? de votre foi[3]?

ANDROMAQUE

Hélas! pour la promettre est-elle encore à moi?
1045 O cendres d'un époux! ô Troyens! ô mon père!
O mon fils, que tes jours coûtent cher à ta mère!
Allons.

1. Faut-il que le crime dont tu m'accuses (de ne pas t'aimer) l'entraîne?
2. L'amour que j'ai pour mon fils; 3. *Foi* : promesse.

━━━━━ QUESTIONS ━━━━━

● VERS 1027-1032. Outre l'image d'Hector, qu'est-ce qui attache Andromaque à son fils? Quelle raison donne-t-elle de son amour au vers 1028? et aux vers 1030-1032?
● VERS 1033-1046. Andromaque, si désemparée maintenant, avait-elle auparavant donné des signes d'égarement? — Quel sentiment le mot *barbare* (vers 1041), faisant écho à *barbare* (vers 1029), révèle-t-il chez Andromaque? Importance du vers 1044 : n'y a-t-il pas aussi chez Andromaque une certaine façon d'esquiver sa responsabilité?

CÉPHISE

Où donc, madame? et que résolvez-vous?

ANDROMAQUE

Allons sur son tombeau consulter mon époux.

ACTE IV

Scène première. — ANDROMAQUE, CÉPHISE.

CÉPHISE

Ah! je n'en doute point; c'est votre époux, madame,
1050 C'est Hector qui produit ce miracle en votre âme!
Il veut que Troie encor se puisse relever
Avec cet heureux fils qu'il vous fait conserver.
Pyrrhus vous l'a promis. Vous venez de l'entendre,
Madame, il n'attendait qu'un mot pour vous le rendre.
1055 Croyez-en ses transports* : père, sceptre, alliés,

———— QUESTIONS ————

● Vers 1047-1048. Peut-on, malgré l'incertitude des derniers vers, prévoir la décision d'Andromaque? Montrez qu'elle ne cherche qu'à se donner du temps pour reprendre ses esprits.

■ Sur l'ensemble de la scène VIII. — Délimitez les trois mouvements de la scène : horreur de Pyrrhus, amour pour Astyanax, incertitude.
— Des deux tirades passionnées qui se font pendant (vers 992-1011 et 1014-1038), laquelle vous semble la plus belle?
— Comparez les souvenirs d'Andromaque à ceux d'Hermione (vers 464-468) : quelle image ont-elles chacune gardée de Pyrrhus? Dans quelle mesure, dans la tragédie d'*Andromaque*, le passé des personnages pèse-t-il sur leur présent?

■ Sur l'ensemble de l'acte III. — La composition de cet acte : comparez-la à celle de l'acte II. Selon quel ordre sont réparties, dans l'un et l'autre, les scènes consacrées aux groupes Hermione-Oreste et Pyrrhus-Andromaque? Quelle scène est, dans chacun de ces deux actes, le pivot de l'action? Le revirement qui se produit au milieu de l'acte III est-il plus important que celui qui s'était produit au centre de l'acte II? Pourquoi Racine a-t-il évité toute rencontre entre Hermione et Pyrrhus?
— Démontrez que cet acte est consacré à la montée de l'affolement en deux personnages qui, jusqu'alors, avaient conservé assez de tête pour calculer l'effet de leurs paroles et de leurs actes. Puisque Andromaque semble, en fin d'acte, songer à épouser Pyrrhus, a-t-on pleine confiance en cette décision et voit-on possible un dénouement?

Content[1] de votre cœur, il met tout à vos pieds;
Sur lui, sur tout son peuple il vous rend souveraine.
Est-ce là ce vainqueur digne de tant de haine*?
Déjà contre les Grecs plein d'un noble courroux*,
1060 Le soin* de votre fils le touche autant que vous :
Il prévient[2] leur fureur*; il lui laisse sa garde :
Pour ne pas l'exposer, lui-même se hasarde[3].
Mais tout s'apprête au temple; et vous avez promis.

ANDROMAQUE

Oui, je m'y trouverai. Mais allons voir mon fils.

CÉPHISE

1065 Madame, qui[4] vous presse? Il suffit que sa vue
Désormais à vos yeux ne soit plus défendue.
Vous lui pourrez bientôt prodiguer vos bontés[5],
Et vos embrassements ne seront plus comptés.
Quel plaisir d'élever un enfant qu'on voit croître[6],
1070 Non plus comme un esclave élevé pour son maître,
Mais pour voir avec lui renaître tant de rois!

ANDROMAQUE

Céphise, allons le voir pour la dernière fois.

CÉPHISE

Que dites-vous? ô dieux!

ANDROMAQUE

O ma chère Céphise!
Ce n'est point avec toi que mon cœur se déguise :

---

1. Voir vers 665 et la note; 2. *Prévenir* : devancer; 3. S'exposer au risque d'un attentat; 4. *Qui* (qu'est-ce qui), s'emploie dans la langue classique comme interrogatif sujet pour désigner les choses; 5. *Bontés* : marques de tendresse; 6. Orthographe conforme à la prononciation du temps.

■ QUESTIONS

● VERS 1049-1063. Il faut une petite exposition au début de chaque acte. Dans le bavardage de Céphise, nous apprenons deux choses importantes, l'une au vers 1054, l'autre au vers 1061 : que s'est-il passé pendant l'entracte?
● VERS 1064-1071. La brièveté des paroles d'Andromaque contraste avec les propos de Céphise. Andromaque partage-t-elle la joie de sa confidente? Si vous étiez metteur en scène, quelle attitude feriez-vous prendre à l'actrice figurant Andromaque pendant que Céphise prononce les vers 1049-1071?
● VERS 1072. Les formules qui laissent entendre un malheur sans le dire crûment paraissent toujours plus pathétiques. Y a-t-il, dans ce vers, un effet facile? ou bien est-ce pour Andromaque le seul moyen de couper court à la joie pénible de Céphise?

1075 Ta foi¹, dans mon malheur, s'est montrée à mes yeux ;
     Mais j'ai cru qu'à mon tour tu me connaissais mieux.
     Quoi donc ? as-tu pensé qu'Andromaque infidèle*
     Pût trahir un époux qui croit revivre en elle² ;
     Et que, de tant de morts réveillant la douleur,
1080 Le soin* de mon repos me fît troubler le leur ?
     Est-ce là cette ardeur tant promise à sa cendre³ ?
     Mais son fils périssait, il l'a fallu défendre.
     Pyrrhus en m'épousant s'en déclare l'appui ;   *support*
     Il suffit : je veux bien m'en reposer sur lui.   *Elle a confirmé*
1085 Je sais quel⁴ est Pyrrhus. Violent, mais sincère,
     Céphise, il fera plus qu'il n'a promis de faire.   *Illusion*
     Sur le courroux* des Grecs je m'en repose encor :   *D'Andromaque*
     Leur haine* va donner un père au fils d'Hector.
     Je vais donc, puisqu'il faut que je me sacrifie,
1090 Assurer⁵ à Pyrrhus le reste de ma vie,
     Je vais, en recevant sa foi sur les autels,
     L'engager⁶ à mon fils par des liens immortels.
     Mais aussitôt ma main, à moi seule funeste*,
     D'une infidèle* vie abrégera le reste,
1095 Et, sauvant ma vertu, rendra ce que je doi⁷
     A Pyrrhus, à mon fils, à mon époux, à moi.
     Voilà de mon amour l'innocent stratagème :
     Voilà ce qu'un époux m'a commandé lui-même.
     J'irai seule rejoindre Hector et mes aïeux.
1100 Céphise, c'est à toi de me fermer les yeux.

---

1. *Foi* : fidélité ; 2. Allusion à l'idée exprimée au vers 1024 ; 3. Souvenir de Virgile (l'*Enéide*, IV, 552) : « Je n'ai pas gardé la foi promise aux cendres de Sichée » ; 4. Voir vers 155 et la note ; 5. *Assurer* : engager d'une façon irrévocable ; 6. *Engager à* : pour lier, attacher à quelqu'un, est une tournure courante au xviiᵉ s. ; 7. Voir vers 688 et la note.

━━━ QUESTIONS ━━━

● Vers 1073-1081. Si Andromaque ne s'étonnait pas de l'aveuglement de Céphise, ce serait le spectateur qui le ferait. Racine a-t-il eu raison de prendre ainsi les devants ?

● Vers 1082-1100. On a dit qu'Andromaque avait tort de faire confiance à Pyrrhus. Or, elle compte d'abord sur la générosité de Pyrrhus (dans quels vers le dit-elle ?), ensuite sur son orgueil (même question). Ces deux sentiments ne sont-ils pas forts en Pyrrhus ? Recherchez dans quelle scène de l'acte premier on a la preuve de son orgueil. — Quel est le mot sur lequel joue Andromaque pour tromper Pyrrhus (vers 1090) ?
— Expliquez le vers 1096 : dans quel ordre d'importance sont désignées les quatre personnes ? Montrez qu'Andromaque a la même morale que les héros cornéliens.

CÉPHISE

Ah! ne prétendez pas que je puisse survivre...

ANDROMAQUE

Non, non, je te défends, Céphise, de me suivre.
Je confie à tes soins* mon unique trésor :
Si tu vivais pour moi, vis pour le fils d'Hector.
1105 De l'espoir des Troyens seule dépositaire,
Songe à combien de rois tu deviens nécessaire.
Veille auprès de Pyrrhus; fais-lui garder sa foi :
S'il le faut, je consens qu'on lui parle de moi.
Fais-lui valoir l'hymen où je me suis rangée[1];
1110 Dis-lui qu'avant ma mort je lui fus engagée[2],
Que ses ressentiments doivent être effacés!
Qu'en lui laissant mon fils, c'est l'estimer assez.
Fais connaître à mon fils les héros de sa race;
Autant que tu pourras, conduis-le sur leur trace :
1115 Dis-lui par quels exploits leurs noms ont éclaté,
Plutôt ce qu'ils ont fait que ce qu'ils ont été;
Parle-lui tous les jours des vertus de son père
Et quelquefois aussi parle-lui de sa mère.
Mais qu'il ne songe plus, Céphise, à nous venger :
1120 Nous lui laissons un maître, il le doit ménager.
Qu'il ait de ses aïeux un souvenir modeste[3] :
Il est du sang* d'Hector, mais il en est le reste;
Et pour ce reste enfin j'ai moi-même, en un jour,
Sacrifié mon sang, ma haine* et mon amour.

CÉPHISE

1125 Hélas!

---

1. *Se ranger à :* se soumettre à; 2. Voir vers 1092 et la note; mais ici, il s'agit
— autre sens courant au XVIIᵉ s.— de s'engager par mariage; 3. Voir *les Troyennes*,
de Sénèque (vers 713 et suivants) : « Chasse de ta mémoire tes ancêtres royaux
[...] Conduis-toi en captif. »

■ QUESTIONS

● VERS 1101-1124. Le testament d'une reine : dans quel *ordre* fait-elle
ses recommandations? Quelles sont les plus importantes à ses yeux?
— Les vers 1108-1118 : la discrétion d'Andromaque prend-elle le même
ton quand il s'agit de Pyrrhus et d'Astyanax? — Quelle est la dernière
raison pour laquelle Andromaque (vers 1108-1112) compte sur la parole
de Pyrrhus? — Comparez les vers 1113-1122 aux vers 713 et suivants
des *Troyennes*, de Sénèque (voir note 3). Montrez qu'Andromaque
veut d'abord perpétuer la descendance d'une maison noble. Ce souci
pouvait-il intéresser les spectateurs du XVIIᵉ siècle?

ANDROMAQUE

Ne me suis point, si ton cœur en alarmes*
Prévoit qu'il ne pourra commander à tes larmes.
On vient. Cache tes pleurs, Céphise; et souviens-toi
Que le sort d'Andromaque est commis[1] à ta foi.
C'est Hermione. Allons, fuyons sa violence.

Scène II. — HERMIONE, CLÉONE.

CLÉONE

1130 Non, je ne puis assez admirer[2] ce silence.
Vous vous taisez, madame; et ce cruel* mépris*
N'a pas du moindre trouble agité vos esprits[3]?
Vous soutenez en paix une si rude attaque,
Vous qu'on voyait frémir au seul nom d'Andromaque?
1135 Vous qui sans désespoir ne pouviez endurer
Que Pyrrhus d'un regard la voulût honorer?
Il l'épouse; il lui donne, avec son diadème,
La foi que vous venez de recevoir vous-même,
Et votre bouche encor, muette à tant d'ennui*,
1140 N'a pas daigné s'ouvrir pour se plaindre de lui?
Ah! que je crains, madame, un calme si funeste*!
Et qu'il vaudrait bien mieux...

HERMIONE

Fais-tu venir Oreste?

---

1. *Commettre* : confier; 2. *Admirer* : considérer avec étonnement; 3. Ce mot est souvent employé au pluriel au XVIIe s. sous l'influence de la théorie cartésienne des *esprits animaux*, corpuscules invisibles et très subtils, qui sont la source de la vie, du mouvement, des sentiments.

● **QUESTIONS** ————————————

● Vers 1125-1129. Comparez cette situation à celle des vers 855-858; pourquoi, cette fois-ci, Racine esquive-t-il l'entrevue Andromaque-Hermione?

■ Sur l'ensemble de la scène première. — La décision d'Andromaque est-elle un coup de théâtre? Recherchez dans les épisodes précédents ce qui laisse prévoir qu'Andromaque s'est préparée à cette solution?
— Pourquoi ce projet de suicide redonne-t-il à Andromaque le calme qu'elle avait perdu? L'idéal du sacrifice est-il si fréquent chez les personnages raciniens?
— Dans la légende antique, Andromaque use déjà d'un stratagème pour sauver Astyanax; pourquoi celui de l'Andromaque de Racine est-il plus « innocent »?

CLÉONE

Il vient, madame, il vient; et vous pouvez juger
Que bientôt à vos pieds il allait se ranger[1].
1145 Prêt à servir toujours sans espoir de salaire[2],
Vos yeux* ne sont que trop assurés de lui plaire.
Mais il entre.

SCÈNE III. — ORESTE, HERMIONE, CLÉONE.

ORESTE

Ah! madame, est-il vrai qu'une fois
Oreste en vous cherchant obéisse à vos lois[3]?
Ne m'a-t-on point flatté d'une fausse espérance?
1150 Avez-vous en effet[4] souhaité ma présence?
Croirai-je que vos yeux*, à la fin désarmés,
Veulent...

HERMIONE

Je veux savoir, seigneur, si vous m'aimez.

ORESTE

Si je vous aime? O dieux! mes serments, mes parjures,
Ma fuite, mon retour, mes respects, mes injures,
1155 Mon désespoir, mes yeux de pleurs toujours noyés,
Quels témoins croirez-vous si vous ne les croyez?

HERMIONE

Vengez-moi, je crois tout.

---

1. Tour un peu obscur; il faut comprendre : « qu'il était disposé à se ranger
sans retard à vos pieds ». *Se ranger* comporte une idée de soumission : voir
vers 1109; 2. Apposition à *lui;* voir vers 649, 835; *salaire* signifie « récompense »;
sens courant au XVIIᵉ s.; 3. *Vos lois :* votre volonté, sens courant au XVIIᵉ s.; 4. *En
effet :* réellement.

■ QUESTIONS ■

■ SUR LA SCÈNE II. — Montrez que la structure de cette scène est exactement celle du début de la scène I, jusqu'au vers 1071 : bien que Cléone soit beaucoup plus clairvoyante que Céphise (en quoi l'est-elle?), on trouve le même silence du protagoniste opposé aux discours de la confidente. Le calme d'Hermione est-il de même nature que celui d'Andromaque?

● VERS 1147-1156. La scène commence presque par la même question que la scène II de l'acte II; mais pourquoi la situation est-elle inversée? — Comparez les vers 1153-1156 aux vers 555-560. Pourquoi, ici, Oreste ne termine-t-il pas sur une méchanceté? Hermione est-elle dans la même situation? Quelle secrète joie rend Oreste indulgent?

ORESTE

Hé bien, allons, madame :

Mettons encore un coup¹ toute la Grèce en flamme² ;
Prenons, en signalant mon bras et votre nom,
1160 Vous, la place d'Hélène, et moi, d'Agamemnon ;
De Troie en ce pays réveillons les misères,
Et qu'on parle de nous ainsi que de nos pères.
Partons, je suis tout prêt.

HERMIONE

Non, seigneur, demeurons :

Je ne veux pas si loin porter de tels affronts.
1165 Quoi ! de mes ennemis couronnant l'insolence,
J'irais attendre ailleurs une lente vengeance !
Et je m'en remettrais au destin* des combats,
Qui peut-être à la fin ne me vengerait pas !
Je veux qu'à mon départ toute l'Épire pleure.
1170 Mais, si vous me vengez, vengez-moi dans une heure.
Tous vos retardements³ sont pour moi des refus.
Courez au temple. Il faut immoler...

ORESTE

Qui ?

HERMIONE

Pyrrhus.

ORESTE

Pyrrhus, madame ?

HERMIONE

Hé quoi ? votre haine* chancelle ?
Ah ! courez, et craignez que je ne vous rappelle.

---

1. *Encore un coup* : n'avait rien de familier au XVIIᵉ s. ; 2. Le vers signifie : « enflammons l'ardeur des Grecs », comme le prouve le singulier *flamme* ; 3. Voir vers 406 et la note.

━━ ● QUESTIONS ━━

● Vers 1157-1163. Hermione s'intéresse-t-elle à l'amour que lui porte Oreste ? — Quel dessein Oreste poursuit-il depuis le début de la pièce ? Se croit-il près de l'atteindre encore une fois ? Comment se traduit son allégresse ? Pourquoi cette hâte à partir ?

● Vers 1164-1172. Comparez le refus d'Hermione à celui d'Andromaque (vers 333-342) ; rencontrons-nous souvent dans la pièce ces échos d'une scène à l'autre ? Mais Hermione a-t-elle la sincérité d'Andromaque ? Dans quelle mesure croit-elle à ce qu'elle dit tout en cherchant à soumettre Oreste à sa volonté ? — Oreste (vers 1172) ne devine-t-il pas déjà le nom de la victime ? Pourquoi pose-t-il cette question ?

1175 N'alléguez point des droits que je veux oublier ;
Et ce n'est pas à vous à le justifier.

ORESTE

Moi, je l'excuserais ? Ah ! vos bontés, madame,
Ont gravé trop avant ses crimes dans mon âme.
Vengeons-nous, j'y consens, mais par d'autres chemins :
1180 Soyons ses ennemis, et non ses assassins ;
Faisons de sa ruine une juste conquête[1].
Quoi ! pour réponse aux Grecs porterai-je sa tête ?
Et n'ai-je pris sur moi le soin* de tout l'État
Que pour m'en acquitter par un assassinat ?
1185 Souffrez, au nom des dieux, que la Grèce s'explique,
Et qu'il meure chargé de la haine* publique.
Souvenez-vous qu'il règne, et qu'un front couronné...

HERMIONE

Ne vous suffit-il pas que je l'ai[2] condamné ?
Ne vous suffit-il pas que ma gloire offensée
1190 Demande une victime à moi seule adressée ;
Qu'Hermione est le prix d'un tyran opprimé[3] ;
Que je le hais* ; enfin, seigneur, que je l'aimai ?
Je ne m'en cache point : l'ingrat* m'avait su plaire,
Soit qu'ainsi l'ordonnât mon amour ou mon père,
1195 N'importe ; mais enfin réglez-vous là-dessus.
Malgré mes vœux*, seigneur, honteusement déçus,
Malgré la juste horreur que son crime me donne,
Tant qu'il vivra, craignez que je ne lui pardonne.

---

1. Tour elliptique et concis dont le sens est : « causons la ruine de Pyrrhus en conquérant l'Épire par une guerre légitime » ; 2. Le subjonctif est seul correct aujourd'hui ; l'indicatif rend ici l'affirmation plus absolue ; 3. La récompense que vous aurez si vous écrasez le tyran (construction latine du participe) ; l'emploi d'*opprimer* au sens d' « écraser par la mort » est particulier à Racine (voir vers 1209) ;

--- QUESTIONS ---

● Vers 1177-1187. Les allusions d'Oreste à ses fonctions d'ambassadeur sont-elles fréquentes depuis la scène II de l'acte premier ? Et son projet d'enlever Hermione était-il bien conforme aux règles de la diplomatie ? L'argument du vers 1187 n'est-il pas meilleur ?
● Vers 1188-1200. Les motifs politiques peuvent-ils influencer Hermione ? Montrez que son orgueil s'accorde ici avec la sincérité. Quels sont les deux sentiments mêlés qu'elle cherche à faire naître chez Oreste ? Rapprochez les vers 1198-1200 du vers 1174 : ces vers ne contiennent-ils pas une annonce du dénouement ?

« Ah! Seigneur, arrêtez! Que prétendez-vous faire? » (Vers 901.)

Illustration de Moreau le Jeune pour l'édition de 1768.

« Je ne te retiens plus, sauve-toi de ces lieux. » (Vers 1380.)

Illustration de Girodet pour l'édition de 1807.

Doutez jusqu'à sa mort d'un courroux* incertain :
1200 S'il ne meurt aujourd'hui, je puis l'aimer demain.

ORESTE

Hé bien! il faut le perdre, et prévenir sa grâce[1];
Il faut... Mais cependant que faut-il que je fasse?
Comment puis-je sitôt servir votre courroux*?
Quel chemin jusqu'à lui peut conduire mes coups?
1205 A peine suis-je encore arrivé dans l'Épire,
Vous voulez par mes mains renverser un empire;
Vous voulez qu'un roi meure; et pour son châtiment
Vous ne donnez qu'un jour, qu'une heure, qu'un moment;
Aux yeux de tout son peuple il faut que je l'opprime[2]!
1210 Laissez-moi vers l'autel conduire ma victime,
Je ne m'en défends plus; et je ne veux qu'aller
Reconnaître la place où je dois l'immoler :
Cette nuit je vous sers, cette nuit je l'attaque.

HERMIONE

Mais, cependant[3], ce jour, il épouse Andromaque;
1215 Dans le temple déjà le trône est élevé,
Ma honte est confirmée, et son crime achevé.
Enfin qu'attendez-vous? Il vous offre sa tête :
Sans gardes, sans défense, il marche à cette fête;
Autour du fils d'Hector il les fait tous ranger;
1220 Il s'abandonne au bras qui me voudra venger.
Voulez-vous malgré lui prendre soin de sa vie?
Armez, avec vos Grecs, tous ceux qui m'ont suivie;
Soulevez vos amis; tous les miens sont à vous.
Il me trahit, vous trompe, et nous méprise* tous.
1225 Mais quoi? déjà leur haine* est égale à la mienne :
Elle épargne à regret l'époux d'une Troyenne.
Parlez : mon ennemi ne vous peut échapper,
Ou plutôt il ne faut que le laisser frapper.
Conduisez ou suivez une fureur* si belle;
1230 Revenez tout couvert du sang de l'infidèle*;
Allez : en cet état soyez sûr de mon cœur.

---

1. Agir avant que vous ne lui fassiez grâce; 2. Voir vers 1191; 3. *Cependant :* pendant ce temps (voir vers 570).

── QUESTIONS ──

● Vers 1201-1230. Un curieux renversement des rôles : Hermione a-t-elle de la peine à lever les obstacles matériels que lui opposait Oreste? Est-ce par lâcheté qu'Oreste multiplie ainsi les objections?

ORESTE

Mais, madame, songez...

HERMIONE

Ah! c'en est trop, seigneur.
Tant de raisonnements offensent ma colère.
J'ai voulu vous donner les moyens de me plaire,
1235 Rendre Oreste content[1]; mais enfin je vois bien
Qu'il veut toujours se plaindre et ne mériter rien.
Partez : allez ailleurs vanter votre constance,
Et me laissez ici le soin* de ma vengeance.
De mes lâches bontés mon courage[2] est confus;
1240 Et c'est trop en un jour essuyer de refus.
Je m'en vais seule au temple, où leur hymen s'apprête,
Où vous n'osez aller mériter ma conquête.
Là, de mon ennemi je saurai m'approcher;
Je percerai le cœur que je n'ai pu toucher.
1245 Et mes sanglantes mains, sur moi-même tournées,
Aussitôt, malgré lui, joindront nos destinées;
Et, tout ingrat* qu'il est, il me sera plus doux
De mourir avec lui que de vivre avec vous[3].

ORESTE

Non, je vous priverai de ce plaisir funeste*,
1250 Madame : il ne mourra que de la main d'Oreste.
Vos ennemis par moi vont vous être immolés,
Et vous reconnaîtrez mes soins*, si vous voulez[4].

---

1. *Content* : comblé dans ses désirs; 2. *Courage* : cœur; 3. Le mouvement de cette tirade rappelle l'apostrophe d'Émilie à Cinna (*Cinna*, III, IV); 4. Primitivement, cette réplique d'Oreste se complétait de ces quatre vers, que Racine a supprimés : *Mais que dis-je? Ah! plutôt, permettez que j'espère.* | *Excusez un amant que trouble sa misère,* | *Qui, tout près d'être heureux, envie encor le sort* | *D'un ingrat condamné par vous-même à la mort.*

QUESTIONS

● VERS 1232-1248. Cette tirade, qui semble n'être qu'une explosion de colère, contient en fait deux arguments d'Hermione : lesquels? Le second est décisif : qu'il ait ou non de la force de caractère, Oreste peut-il laisser faire Hermione?

● VERS 1249-1254. Le mélange de rage et de résignation : à quoi voit-on qu'Oreste n'espère plus être aimé d'Hermione et qu'il va tuer Pyrrhus uniquement pour détourner la menace contenue dans les vers 1245-1246?

HERMIONE

Allez. De votre sort laissez-moi la conduite,
Et que tous vos vaisseaux soient prêts pour notre fuite.

SCÈNE IV. — HERMIONE, CLÉONE.

CLÉONE

1255 Vous vous perdez, madame; et vous devez songer...

HERMIONE

Que je me perde ou non, je songe à me venger.
Je ne sais même encor, quoi qu'il m'ait pu promettre,
Sur[1] d'autres que sur moi si je dois m'en remettre :
Pyrrhus n'est pas coupable à ses yeux comme aux miens,
1260 Et je tiendrais[2] mes coups bien plus sûrs que les siens.
Quel plaisir de venger moi-même mon injure,
De retirer mon bras teint du sang du parjure,
Et, pour rendre sa peine et mes plaisirs plus grands,
De cacher ma rivale à ses regards mourants!
1265 Ah! si du moins Oreste, en punissant son crime,
Lui laissait le regret de mourir ma victime!
Va le trouver : dis-lui qu'il apprenne à l'ingrat*
Qu'on l'immole à ma haine*, et non pas à l'État.
Chère Cléone, cours : ma vengeance est perdue
1270 S'il ignore en mourant que c'est moi qui le tue[3].

---

1. Nous dirions : s'en remettre *à*; 2. J'estimerais; 3. Émilie exprimait dans *Cinna* (vers 101-104) une idée analogue : « Sa perte que je veux me deviendrait amère, | Si quelqu'un l'immolait à d'autres qu'à mon père... » Du Ryer, dans sa tragédie *Thémistocle* (1648), avait écrit déjà : « Et qu'il sût en mourant que c'est moi qui le tue ».

--- QUESTIONS ---

■ Sur l'ensemble de la scène III. — La composition de la scène : quel est son mouvement jusqu'au vers 1172? Montrez ensuite les reculs successifs d'Oreste.

— Le tragique pour Oreste : sa passion, qui le mène à un crime qui lui répugne; sa lucidité, qui lui fait comprendre que ce crime ne lui donnera pas l'amour d'Hermione. Dans quelle mesure est-il pris à son propre piège? Ne perd-il pas, par sa faute, l'avantage qu'il pourrait au moins avoir l'illusion de gagner?

— Le tragique pour Hermione : dans quelle mesure est-elle consciente que son orgueil la mène à la catastrophe? Montrez que Racine prépare le spectateur, avec un acte d'avance, au suicide d'Hermione, comme il avait préparé, à la fin de l'acte II, le projet de suicide d'Andromaque.

CLÉONE

Je vous obéirai. Mais qu'est-ce que je voi[1] ?
O dieux! qui l'aurait cru, madame? C'est le roi.

HERMIONE

Ah! cours après Oreste; et dis-lui, ma Cléone,
Qu'il n'entreprenne rien sans revoir Hermione!

Scène V. — PYRRHUS, HERMIONE, PHŒNIX

PYRRHUS

1275 Vous ne m'attendiez pas, madame; et je vois bien
Que mon abord[2] ici trouble votre entretien.
Je ne viens point, armé d'un indigne artifice,
D'un voile d'équité couvrir mon injustice;
Il suffit que mon cœur me condamne tout bas;
1280 Et je soutiendrais mal ce que je ne crois pas.
J'épouse une Troyenne. Oui, madame, et j'avoue
Que je vous ai promis la foi que je lui voue.
Un autre vous dirait que dans les champs troyens
Nos deux pères sans nous formèrent ces liens,
1285 Et que, sans consulter ni mon choix ni le vôtre,
Nous fûmes sans amour engagés l'un à l'autre[3];
Mais c'est assez pour moi que je me sois soumis.
Par mes ambassadeurs mon cœur vous fut promis:
Loin de les révoquer, je voulus y souscrire[4]:
1290 Je vous vis avec eux arriver en Épire;
Et quoique d'un autre œil* l'éclat victorieux

---

1. Voir vers 688 et la note; 2. *Abord*: arrivée; 3. Allusion à *l'Odyssée* (IV, vers 6-8), où apparaît pour la première fois ce détail de la légende; 4. *Les* et *y* semblent renvoyer à *liens* du vers 1284; *révoquer* a ici le sens de « désavouer », et *souscrire* signifie « affronter ».

─────── QUESTIONS ───────

■ Sur la scène iv. — Le déchaînement de cruauté chez Hermione prouve-t-il qu'elle est sûre de sa décision, ou est-ce un moyen de se faire illusion à elle-même? Le lyrisme de la haine. — Le contraste entre les deux sentiments d'Hermione, avant et après l'arrivée du roi, n'est-il pas un procédé de comédie? Comment se fait-il qu'un procédé de comédie soit un bon moyen de faire paraître l'égarement humain?

● Vers 1275-1276. Y a-t-il déjà eu d'autres entrevues entre Hermione et Pyrrhus? Pourquoi est-ce seulement maintenant que Racine les met en présence? — La fuite suspecte de Cléone ne prépare-t-elle pas Pyrrhus à prendre au sérieux les menaces d'Hermione à la fin de la scène?

Eût déjà prévenu le pouvoir de vos yeux*,
Je ne m'arrêtai point à cette ardeur nouvelle :
Je voulus m'obstiner à vous être fidèle ;
1295 Je vous reçus en reine ; et jusques à ce jour
J'ai cru que mes serments me tiendraient lieu d'amour.
Mais cet amour l'emporte ; et, par un coup* funeste*,
Andromaque m'arrache un cœur qu'elle déteste :
L'un par l'autre entraînés, nous courons à l'autel
1300 Nous jurer malgré nous un amour immortel.
Après cela, madame, éclatez[1] contre un traître,
Qui l'est avec douleur, et qui pourtant veut l'être.
Pour moi, loin de contraindre un si juste courroux*,
Il me soulagera peut-être autant que vous.
1305 Donnez-moi tous les noms destinés aux parjures :
Je crains votre silence, et non pas vos injures ;
Et mon cœur, soulevant mille secrets témoins,
M'en dira d'autant plus que vous m'en direz moins.

HERMIONE

Seigneur, dans cet aveu dépouillé d'artifice,
1310 J'aime à voir que du moins vous vous rendiez justice,
Et que, voulant bien[2] rompre un nœud si solennel,
Vous vous abandonniez au crime en criminel.
Est-il juste, après tout, qu'un conquérant s'abaisse
Sous la servile loi de garder sa promesse ?
1315 Non, non, la perfidie a de quoi vous tenter,
Et vous ne me cherchez que pour vous en vanter.
Quoi ? sans que ni serment ni devoir vous retienne,
Rechercher une Grecque, amant d'une Troyenne ?
Me quitter, me reprendre, et retourner encor
1320 De la fille d'Hélène à la veuve d'Hector ?
Couronner tour à tour l'esclave et la princesse ;
Immoler Troie aux Grecs, au fils d'Hector la Grèce ?

---

1. *Eclater* : manifester ses sentiments d'une façon bruyante ; 2. Non pas « consentant à », mais « bien décidé à ».

--- **QUESTIONS** ---

● Vers 1275-1308. L'étrange démarche de Pyrrhus : pourquoi tient-il à se justifier ? Sa sincérité peut-elle être mise en doute, notamment aux vers 1286, 1294, 1296 ? Croyez-vous que les choses se soient pourtant passées ainsi ? D'autre part, semble-t-il joyeux d'épouser Andromaque ? Quelle conception racinienne de la passion se dégage de cette tirade ? — L' « actualité » des propos de Pyrrhus : n'est-il pas dans le cas d'un roi qui aurait été obligé par la raison d'État à un mariage politique ? Que représente-t-il pour le spectateur d'aujourd'hui ?

Tout cela part d'un cœur toujours maître de soi[1],
D'un héros qui n'est point esclave de sa foi.
1325 Pour plaire à votre épouse, il vous[2] faudrait peut-être
Prodiguer les doux noms de parjure et de traître.
Vous veniez de mon front observer la pâleur,
Pour aller dans ses bras rire de ma douleur.
Pleurante[3] après son char vous voulez qu'on me voie[4];
1330 Mais, seigneur, en un jour ce serait trop de joie;
Et sans chercher ailleurs des titres empruntés,
Ne vous suffit-il pas de ceux que vous portez?
Du vieux père d'Hector la valeur abattue
Aux pieds de sa famille expirante[5] à sa vue,
1335 Tandis que dans son sein votre bras enfoncé
Cherche un reste de sang que l'âge avait glacé;
Dans des ruisseaux de sang Troie ardente plongée;
De votre propre main Polyxène égorgée[6]
Aux yeux de tous les Grecs indignés contre vous :
1340 Que peut-on refuser à ces généreux coups*?

PYRRHUS

Madame, je sais trop à quels excès de rage
La vengeance d'Hélène emporta mon courage[7];
Je puis me plaindre à vous[8] du sang que j'ai versé;
Mais enfin je consens d'oublier le passé.
1345 Je rends grâces au ciel que votre indifférence
De mes heureux soupirs m'apprenne l'innocence.

---

1. Au XVIIᵉ s., *soi* se construisait, contrairement à l'usage actuel, avec un sujet déterminé; 2. *Vous* porte sur *prodiguer* ; 3. Voir vers 842 et la note; 4. Var. vers 1327-1329 (1668) : *Votre grand cœur sans doute attend après mes pleurs | Pour aller dans ses bras jouir de mes douleurs? | Chargé de tant d'honneurs, il veut qu'on le renvoie?* 5. Voir vers 842 et la note; 6. Polyxène, fille de Priam et d'Hécube; elle avait été promise à Achille, qui mourut avant de l'épouser. Elle fut égorgée par Pyrrhus sur le tombeau d'Achille (cf. *l'Hécube*, d'Euripide, vers 517-566); 7. *Courage :* cœur; voir vers 1239; 8. Vous adresser des reproches à propos du sang que j'ai versé pour arracher votre mère aux Troyens.

■ QUESTIONS

● VERS 1309-1340. La composition de cette tirade : montrez que, malgré elle, Hermione perd de plus en plus le sang-froid qu'elle voulait garder. — La franchise de Pyrrhus a-t-elle désarmé Hermione? Sur quel ton répond-elle? Comment s'appelle cette manière de dire le contraire de ce qu'on pense, sans toutefois prétendre tromper l'interlocuteur? — Puisque Hermione ne peut accuser Pyrrhus de mensonge, comment interprète-t-elle ses intentions (vers 1316)? Comment aggrave-t-elle ses accusations (vers 1325-1329)? Est-ce enfin à elle (vers 1331-1340) de faire de tels reproches à Pyrrhus?

Mon cœur, je le vois bien, trop prompt à se gêner[1],
Devait[2] mieux vous connaître et mieux s'examiner.
Mes remords vous faisaient une injure mortelle;
1350 Il faut se croire aimé pour se croire infidèle*.
Vous ne prétendiez point m'arrêter dans vos fers* :
Je crains de vous trahir, peut-être je vous sers.
Nos cœurs n'étaient point faits dépendants l'un de l'autre.
Je suivais mon devoir, et vous cédiez au vôtre :
1355 Rien ne vous engageait à m'aimer en effet[3].

HERMIONE

Je ne t'ai point aimé, cruel* ? Qu'ai-je donc fait ?
J'ai dédaigné pour toi les vœux* de tous nos princes;
Je t'ai cherché moi-même au fond de tes provinces[4];
J'y suis encor, malgré tes infidélités*,
1360 Et malgré tous mes Grecs honteux de mes bontés.
Je leur ai commandé de cacher mon injure[5];
J'attendais en secret le retour d'un parjure;
J'ai cru que tôt ou tard, à ton devoir rendu,
Tu me rapporterais un cœur qui m'était dû.
1365 Je t'aimais inconstant; qu'aurais-je fait fidèle[6]?
Et même en ce moment où ta bouche cruelle*
Vient si tranquillement m'annoncer le trépas,
Ingrat*, je doute encor si je ne t'aime pas.
Mais, seigneur, s'il le faut, si le ciel en colère
1370 Réserve à d'autres yeux* la gloire de vous plaire,
Achevez votre hymen, j'y consens; mais du moins
Ne forcez pas mes yeux d'en être les témoins.
Pour la dernière fois je vous parle peut-être :
Différez-le d'un jour, demain vous serez maître.
1375 Vous ne répondez point? Perfide*, je le voi,
Tu comptes les moments que tu perds avec moi.

---

1. Voir vers 343 et la note; 2. Aurait dû; voir vers 207; 3. *En effet* : réellement (voir vers 1150); 4. *Provinces :* le pays; le sens actuel existait aussi au XVIIe s.; 5. L'injure qui m'est faite; 6. Ellipse; il faut comprendre : si tu avais été fidèle. Boisrobert avait déjà dit dans *les Rivaux amis* (II, v) [1639] : « Je t'estime fidèle, et je t'aime inconstant ».

--- QUESTIONS ---

● Vers 1341-1355. Pyrrhus s'est-il mépris sur les propos d'Hermione au point de croire qu'elle ne l'aime pas? Pourquoi est-il tenté de reprendre l'avantage sur Hermione? Recherchez dans l'acte II une scène où Pyrrhus se moque ouvertement de son interlocuteur. Comparez aussi avec la rage froide du roi, dans les vers 173-220.

Ton cœur, impatient de revoir ta Troyenne[1],
Ne souffre qu'à regret qu'un autre[2] t'entretienne.
Tu lui parles du cœur, tu la cherches des yeux.
1380 Je ne te retiens plus, sauve-toi de ces lieux :
Va lui jurer la foi que tu m'avais jurée;
Va profaner des dieux la majesté sacrée :
Ces dieux, ces justes dieux n'auront pas oublié
Que les mêmes serments avec moi t'ont lié.
1385 Porte aux pieds des autels ce cœur qui m'abandonne;
Va, cours; mais crains encor d'y trouver Hermione.

Scène VI. — PYRRHUS, PHŒNIX.

PHŒNIX

Seigneur, vous entendez.
         — Gardez de[3] négliger
Une amante en fureur* qui cherche à se venger.
Elle n'est en ces lieux que trop bien appuyée;
1390 La querelle[4] des Grecs à la sienne est liée;
Oreste l'aime encore; et peut-être à ce prix...

PYRRHUS

Andromaque m'attend. Phœnix, garde son fils.

---

1. Dans la *Médée*, d'Euripide, Médée dit de même à Jason (vers 621-624) :
« Va, tu es plein du désir de voir la nouvelle épousée [...] Marie-toi; peut-être —
les dieux écouteront ma voix — vas-tu contracter un mariage dont tu te repentiras »;
2. Ce masculin a une valeur générale et impersonnelle; 3. *Garder de :* prendre garde
de; 4. *La querelle :* la cause.

━━━ QUESTIONS ━━━

● VERS 1356-1386. Hermione est exactement dans la situation où elle
avait mis Oreste : recherchez dans quels passages. — Distinguez les
trois mouvements de cette tirade grâce à l'emploi des *tu* et des *vous*.
Que marque le tutoiement dans une tragédie de Racine : l'intimité ou
le mépris? — Est-il facile de trouver d'autres passages où Hermione
s'humilie (vers 1369-1374)? Celui-ci n'en est-il pas plus touchant?
— Expliquez le jeu de scène des vers 1374-1375. Pensez-vous que si
Hermione n'avait pas été si violente, du vers 1309 au vers 1340, Pyrrhus
serait maintenant si cruel?

■ SUR L'ENSEMBLE DE LA SCÈNE V. — L'enchaînement des violences.
Quel effet tragique peut naître de l'impossibilité de trouver l'auteur
du mal, de distinguer le bourreau et la victime?
    — La situation à la fin de cette scène : est-elle la même qu'à la fin
de la scène précédente?

■ *Voir page 103 les questions sur la scène VI et sur l'ensemble de l'acte IV.*

ACTE V λ

Scène première. — HERMIONE, *seule*.

Où suis-je? Qu'ai-je fait? Que dois-je faire encore?
Quel transport* me saisit? Quel chagrin me dévore?
1395 Errante et sans dessein, je cours dans ce palais.
Ah! ne puis-je savoir si j'aime ou si je hais*?
Le cruel*! de quel œil[1] il m'a congédiée :
Sans pitié, sans douleur au moins étudiée[2]!
L'ai-je vu se troubler et me plaindre un moment?
1400 En ai-je pu tirer un seul gémissement?
Muet à mes soupirs, tranquille à mes alarmes*,
Semblait-il seulement qu'il eût part à mes larmes?
Et je le plains encore! Et, pour comble d'ennui*,
Mon cœur, mon lâche cœur s'intéresse pour[3] lui!
1405 Je tremble au seul penser[4] du coup* qui le menace!
Et, prête à me venger, je lui fais déjà grâce!
Non, ne révoquons point l'arrêt de mon courroux* :
Qu'il périsse! aussi bien il ne vit plus pour nous.
Le perfide* triomphe et se rit de ma rage :
1410 Il pense voir en pleurs dissiper[5] cet orage;

---

1. Avec quel air; 2. *Etudiée : feinte; étudier* signifie alors « faire effort pour »;
3. Prendre parti pour; 4. *Penser :* ce nom verbal, syn. de *pensée*, était réservé au style de la poésie. La Bruyère en déplore la disparition (*Caractères*, XIV, 73); 5. Se dissiper; il arrive souvent que devant un infinitif complément d'un verbe on supprime le pronom *se*, lorsque le sujet de l'infinitif est placé après lui.

──── QUESTIONS ────

■ Sur la scène VI de l'acte IV. — Pyrrhus se méprend-il sur le sort qui l'attend? Montrez qu'au moment de disparaître Pyrrhus prend une grandeur semblable à celle d'Andromaque au début de ce même acte : générosité de ce qu'il vient dire à Hermione, tragique lucidité devant ce que sera son union avec Andromaque, hauteur de l'ironie envers Hermione, indifférence et lassitude en face de la mort.

■ Sur l'ensemble de l'acte IV. — La composition de l'acte : la part donnée aux deux personnages féminins; le contraste entre Andromaque et Hermione. Aboutit-on à une « décision », comme à la fin des actes précédents? Semble-t-elle plus solide que les précédentes?
— Montrez que, sauf Hermione, dont l'égarement et la fureur vont en croissant pendant cet acte, les autres héros retrouvent leur lucidité, mais s'abandonnent à la résignation.

Il croit que, toujours faible et d'un cœur incertain,
Je parerai d'un bras les coups de l'autre main.
Il juge encor de moi par mes bontés passées.
Mais plutôt le perfide* a bien d'autres pensées :
1415 Triomphant dans le temple, il ne s'informe pas
Si l'on souhaite ailleurs sa vie ou son trépas.
Il me laisse, l'ingrat*, cet embarras funeste*.
Non, non, encore un coup[1], laissons agir Oreste.
Qu'il meure, puisqu'enfin il a dû le prévoir,
1420 Et puisqu'il m'a forcée enfin à le vouloir.
A le vouloir? Hé quoi? c'est donc moi qui l'ordonne?
Sa mort sera l'effet de l'amour d'Hermione?
Ce prince, dont mon cœur se faisait autrefois
Avec tant de plaisir redire les exploits,
1425 A qui même en secret je m'étais destinée
Avant qu'on eût conclu ce fatal hyménée,
Je n'ai donc traversé tant de mers, tant d'États,
Que pour venir si loin préparer son trépas,
L'assassiner, le perdre? Ah! devant[2] qu'il expire...

Scène II. — HERMIONE, CLÉONE.

HERMIONE

1430 Ah! qu'ai-je fait, Cléone? et que viens-tu me dire?
Que fait Pyrrhus?

CLÉONE

Il est au comble de ses vœux*,
Le plus fier des mortels et le plus amoureux.
Je l'ai vu vers le temple, où son hymen s'apprête,
Mener en conquérant sa nouvelle conquête;

---

1. Voir vers 1158 et la note; 2. *Devant que* est signalé en 1647 par Vaugelas comme moins en usage que *avant que*. Richelet, dans son *Dictionnaire* de 1680 dit que ce tour n'est plus en usage.

──────── **QUESTIONS** ────────

■ Sur la scène première. — La composition de ce monologue : dans la réalité, pourrait-on « faire le plan » des propos d'une personne affolée? Que pensez-vous de la stylisation de la tragédie? Combien de fois Hermione passe-t-elle d'un sentiment à l'autre?
— Importance du vers 1421 : la puissance des mots. Montrez que c'est seulement après avoir formulé sa pensée qu'Hermione en aperçoit l'horreur.

1435 Et, d'un œil où brillaient sa joie et son espoir[1],
S'enivrer en marchant du plaisir de la voir.
Andromaque, au travers de mille cris de joie,
Porte jusqu'aux autels le souvenir de Troie;
Incapable toujours d'aimer et de haïr*,
1440 Sans joie et sans murmure[2] elle semble obéir.

HERMIONE

Et l'ingrat*? jusqu'au bout il a poussé l'outrage?
Mais as-tu bien, Cléone, observé son visage?
Goûte-t-il des plaisirs tranquilles et parfaits?
N'a-t-il point détourné ses yeux vers le palais?
1445 Dis-moi, ne t'es-tu point présentée à sa vue?
L'ingrat* a-t-il rougi lorsqu'il t'a reconnue?
Son trouble avouait-il son infidélité*?
A-t-il jusqu'à la fin soutenu[3] sa fierté?

CLÉONE

Madame, il ne voit rien : son salut et sa gloire
1450 Semblent être avec vous sortis de sa mémoire.
Sans songer qui le suit, ennemis ou sujets,
Il poursuit seulement ses amoureux projets.
Autour du fils d'Hector il a rangé sa garde,
Et croit que c'est lui seul que le péril regarde.
1455 Phœnix même en répond, qui l'a conduit exprès
Dans un fort éloigné du temple et du palais.
Voilà dans ses transports* le seul soin* qui lui reste.

HERMIONE

Le perfide*! Il mourra. Mais que t'a dit Oreste?

CLÉONE

Oreste avec ses Grecs dans le temple est entré.

---

1. Var. : *Et d'un œil qui déjà dévorait son espoir* (1668-1676). Subligny s'était moqué de cette expression : *Un œil qui dévore un espoir* ; 2. *Murmure* : paroles de protestation; 3. *Soutenir* : maintenir intact, persister dans.

QUESTIONS

● Vers 1430-1457. L'attitude de Pyrrhus est-elle conforme à ce qu'imaginait le spectateur? Est-ce seulement l'amour qui lui donne (vers 1449-1450) cet apparent détachement de tout? — L'attitude d'Andromaque : le spectateur n'est-il pas mieux renseigné là-dessus qu'Hermione et que Cléone? Peut-il, d'après le rapport de Cléone, comprendre les véritables sentiments d'Andromaque pendant la cérémonie? — L'obsession d'Hermione.

HERMIONE

1460 Hé bien! à me venger n'est-il pas préparé?

CLÉONE

Je ne sais.

HERMIONE

Tu ne sais? Quoi donc? Oreste encore,
Oreste me trahit?

CLÉONE

Oreste vous adore;
Mais de mille remords son esprit combattu
Croit tantôt son amour et tantôt sa vertu.
1465 Il respecte en Pyrrhus l'honneur du diadème;
Il respecte en Pyrrhus Achille et Pyrrhus même;
Il craint la Grèce, il craint l'univers en courroux*;
Mais il se craint, dit-il, soi-même[1] plus que tous.
Il voudrait en vainqueur vous apporter sa tête :
1470 Le seul nom d'assassin l'épouvante et l'arrête.
Enfin il est entré, sans savoir dans son cœur
S'il en devait sortir coupable ou spectateur.

HERMIONE

Non, non, il les[2] verra triompher sans obstacle;
Il se gardera bien de troubler ce spectacle.
1475 Je sais de quels remords son courage[3] est atteint :
Le lâche craint la mort, et c'est tout ce qu'il craint.
Quoi! sans qu'elle employât une seule prière,
Ma mère en sa faveur arma la Grèce entière;
Ses yeux*, pour leur querelle[4], en dix ans de combats,
1480 Virent périr vingt rois qu'ils ne connaissaient pas;
Et moi, je ne prétends[5] que la mort d'un parjure,
Et je charge un amant du soin* de mon injure;
Il peut me conquérir à ce prix, sans danger;
Je me livre moi-même, et ne puis me venger!

---

1. Voir vers 1323 et la note; 2. *Les* représente Pyrrhus et Andromaque; 3. Voir vers 1239 et la note; 4. Voir vers 1390 et la note; 5. *Prétendre :* réclamer; cet emploi transitif est courant au XVIIᵉ s.

--- **QUESTIONS** ---

● VERS 1458-1472. L'incertitude de Cléone au sujet des agissements d'Oreste, les explications qu'elle donne de ses hésitations correspondent-elles au jugement que le spectateur porte sur Oreste?

Phot. Lipnitzki.

INTERPRÈTES MODERNES D'*ANDROMAQUE*
À LA COMÉDIE-FRANÇAISE

Annie Ducaux (Hermione) et Pyrrhus (Maurice Escande).

1485 Allons : c'est à moi seule à me rendre[1] justice.
   Que de cris de douleur le temple retentisse ;
   De leur hymen fatal troublons l'événement[2] ;
   Et qu'ils ne soient unis, s'il se peut, qu'un moment.
   Je ne choisirai point dans ce désordre extrême :
1490 Tout me sera Pyrrhus, fût-ce Oreste lui-même.
   Je mourrai ; mais au moins ma mort me vengera :
   Je ne mourrai pas seule, et quelqu'un me suivra.

SCÈNE III. — ORESTE, HERMIONE, CLÉONE[3].

ORESTE

Madame, c'en est fait, et vous êtes servie !
Pyrrhus rend à l'autel son infidèle* vie.

HERMIONE

1495 Il est mort ?

ORESTE

Il expire : et nos Grecs irrités
Ont lavé dans son sang ses infidélités*.

---

1. On dirait aujourd'hui « à me faire justice » ; 2. *Evénement* : accomplissement ;
3. Voir dans la Documentation thématique, une autre version de cette scène III.

--- QUESTIONS ---

● VERS 1473-1492. La logique d'Hermione dans sa fureur de destruction : est-elle juste envers Oreste (vers 1472-1476) ? Comment son orgueil tire-t-il parti de l'exemple de sa mère Hélène (vers 1477-1484) ? Rappelez, à ce propos, l'influence qu'a pu avoir sur les personnages de la tragédie le souvenir de la génération qui les a précédés (Achille, Agamemnon, Hélène). — A quelle conclusion aboutit Hermione (vers 1485-1492) ? Est-ce la première fois qu'elle envisage cette solution (voir vers 1241-1248) ? Quelles circonstances rendent maintenant cette décision plus impérieuse ?

■ SUR L'ENSEMBLE DE LA SCÈNE II. — Montrez qu'il s'agit d'une scène de préparation et d'attente. Comparez cette scène au monologue de la scène I : le mouvement des sentiments d'Hermione est inversé. Pourquoi ?
   — Le rôle de Cléone. Montrez que tout en tenant l'emploi de la messagère (progression de l'action au dehors), elle confirme le sentiment du spectateur sur trois personnages (Pyrrhus, Andromaque, Hermione). Se soucie-t-elle de ménager dans son récit les sentiments d'Hermione ?

● VERS 1493-1494. La nouvelle de la mort de Pyrrhus est-elle un coup de théâtre pour le spectateur ? Pour Hermione ? A qui, dès ses premiers mots, attribue-t-on la responsabilité du meurtre ?

Je vous l'avais promis ; et, quoique mon courage¹
Se fît de ce complot une funeste* image,
J'ai couru vers le temple, où nos Grecs dispersés
1500 Se sont jusqu'à l'autel dans la foule glissés.
Pyrrhus m'a reconnu. Mais sans changer de face²,
Il semblait que ma vue excitât son audace,
Que tous les Grecs, bravés en leur ambassadeur,
Dussent de son hymen relever la splendeur.
1505 Enfin, avec transport* prenant son diadème,
Sur le front d'Andromaque il l'a posé lui-même :
« Je vous donne, a-t-il dit, ma couronne et ma foi,
Andromaque ; régnez sur l'Épire et sur moi.
Je voue à votre fils une amité³ de père ;
1510 J'en atteste les dieux, je le jure à sa mère.
Pour tous mes ennemis je déclare les siens⁴,
Et je le reconnais pour le roi des Troyens. »
A ces mots, qui du peuple attiraient le suffrage⁵,
Nos Grecs n'ont répondu que par un cri de rage ;
1515 L'infidèle⁶* s'est vu partout envelopper,
Et je n'ai pu trouver de place pour frapper :
Chacun se disputait la gloire de l'abattre.
Je l'ai vu dans leurs mains quelque temps se débattre,
Tout sanglant à leurs coups vouloir se dérober ;
1520 Mais enfin à l'autel il est allé tomber.
Du peuple épouvanté j'ai traversé la presse
Pour venir de ces lieux enlever ma princesse,
Et regagner le port, où bientôt nos amis
Viendront couverts du sang que je vous ai promis.

HERMIONE

1525 Qu'ont-ils fait !

---

1. Voir vers 1239 et la note ; **2.** *Face :* visage ; selon Vaugelas, Richelet, Furetière, *face* tendait, dans la seconde moitié du siècle, à s'employer en un sens plutôt ironique, ou dans le style élevé, en parlant de Dieu ; **3.** *Amitié :* ici, affection, tendresse ; **4.** Je déclare que je n'ai d'autres ennemis que les siens ; **5.** Approbation ; aujourd'hui le mot ne s'emploie qu'à propos d'élections ; **6.** Il s'agit ici de l'infidélité de Pyrrhus à la cause des Grecs.

--- **QUESTIONS** ---

● Vers 1495-1524. Cherchez dans ce récit toutes les circonstances qui atténuent le crime d'Oreste matériellement (a-t-il frappé lui-même ?) et moralement. (Pyrrhus n'a-t-il pas lui-même transporté l'affaire sur le plan politique ?)
● Vers 1525. Sur quel ton Hermione prononce-t-elle sa réplique, tout comme la précédente (vers 1495) ? Quel quiproquo tragique se crée entre Oreste et elle ?

ORESTE

Pardonnez à leur impatience :
Ils ont, je le vois bien, trahi votre vengeance;
Vous vouliez que ma main portât les premiers coups,
Qu'il sentît en mourant qu'il expirait pour vous;
Mais c'est moi dont l'ardeur leur a servi d'exemple :
1530 Je les ai pour vous seule entraînés dans le temple,
Madame; et vous pouvez justement vous flatter
D'une mort que leurs bras n'ont fait qu'exécuter.
Vous seule avez poussé les coups...

HERMIONE

Tais-toi, perfide*,
Et n'impute qu'à toi ton lâche parricide[1].
1535 Va faire chez tes Grecs admirer ta fureur*,
Va : je la désavoue, et tu me fais horreur.
Barbare, qu'as-tu fait? Avec quelle furie
As-tu tranché le cours d'une si belle vie!
Avez-vous pu, cruels*, l'immoler aujourd'hui,
1540 Sans que tout votre sang se soulevât pour lui?
Mais parle : de son sort qui t'a rendu l'arbitre?
Pourquoi l'assassiner? Qu'a-t-il fait? A quel titre?
Qui te l'a dit?

ORESTE

O dieux! Quoi? ne m'avez-vous pas
Vous-même, ici, tantôt, ordonné son trépas?

---

1. *Parricide* : meurtrier d'un parent proche, d'un souverain; auteur d'un crime contre la patrie, contre les dieux.

─────── **QUESTIONS** ───────

● Vers 1525-1534. Comment Oreste interprète-t-il l'attitude d'Hermione? Comment aggrave-t-il le quiproquo en se justifiant sur un ton agressif? Montrez qu'Oreste croit bien connaître Hermione : Hermione a effectivement souhaité que Pyrrhus sache par qui ou pour qui il est assassiné (vers 1265).
● Vers 1533-1544. Peut-on trouver un ordre dans les propos d'Hermione? — Sans être inexplicable, ce revirement était-il prévisible? L'inconscience du *Qui te l'a dit?* (vers 1543) : montrez qu'Hermione est une femme à qui il échappe les paroles les plus insensées parce qu'elle ne se soucie jamais de la personne à qui elle s'adresse ni du jugement d'autrui.

HERMIONE

1545 Ah! fallait-il en croire une amante insensée?
Né devais-tu pas lire au fond de ma pensée?
Et ne voyais-tu pas dans mes emportements
Que mon cœur démentait ma bouche à tous moments?
Quand je l'aurais voulu, fallait-il y souscrire?
1550 N'as-tu pas dû[1] cent fois te le faire redire?
Toi-même avant le coup* me venir consulter,
Y revenir encore, ou plutôt m'éviter?
Que ne me laissais-tu le soin* de ma vengeance?
Qui[2] t'amène en des lieux où l'on fuit ta présence?
1555 Voilà de ton amour le détestable fruit :
Tu m'apportais, cruel*, le malheur qui te suit.
C'est toi dont l'ambassade, à tous les deux fatale,
L'a fait pour son malheur pencher vers ma rivale.
Nous le verrions encor nous partager ses soins*;
1560 Il m'aimerait peut-être; il le feindrait du moins.
Adieu. Tu peux partir. Je demeure en Épire :
Je renonce à la Grèce, à Sparte, à son empire,
A toute ma famille; et c'est assez pour moi,
Traître, qu'elle ait produit un monstre comme toi.

Scène IV. — ORESTE, *seul.*

1565 Que vois-je? est-ce Hermione? Et que viens-je d'entendre?
Pour qui coule le sang que je viens de répandre?

---

1. N'aurais-tu pas dû (voir vers 207 et la note); 2. *Qui :* qu'est-ce qui (voir vers 1065).

■ QUESTIONS ────────────────────────

● Vers 1545-1553. Le mélange de lucidité, de vérité et de mauvaise foi chez Hermione.
● Vers 1554-1560. Sur qui Hermione rejette-t-elle la responsabilité? Sur Oreste? ou sur la fatalité qu'il représente? Montrez que ces vers résument admirablement le rôle de la fatalité dans la journée tragique qui s'achève.
● Vers 1561-1564. Y a-t-il dans ces propos un indice qui permette de deviner qu'Hermione va se tuer? Que pourrait être en Épire le sort d'une princesse qui rompt tout lien avec son passé?

■ Sur l'ensemble de la scène iii. — Le mouvement de la scène : comment se crée, se prolonge, puis se résout le quiproquo tragique? — Montrez que toute la scène est faite pour exprimer le sentiment de l'irréparable.

— Comparez cette scène à la version des éditions de 1668 et de 1673 (**page 128**). Pourquoi Racine a-t-il supprimé l'arrivée d'Andromaque, qui avait pourtant l'avantage de faire revenir ce personnage en scène au cours du dernier acte?

Je suis, si je l'en crois, un traître, un assassin.
Est-ce Pyrrhus qui meurt? et suis-je Oreste, enfin?
Quoi! j'étouffe en mon cœur la raison qui m'éclaire;
1570 J'assassine à regret un roi que je révère[1];
Je viole en un jour les droits des souverains,
Ceux des ambassadeurs, et tous ceux des humains;
Ceux même des autels où ma fureur* l'assiège;
Je deviens parricide[2], assassin, sacrilège.
1575 Pour qui? pour une ingrate* à qui je le promets,
Qui même, s'il ne meurt, ne me verra jamais,
Dont j'épouse la rage. Et quand je l'ai servie,
Elle me redemande et son sang et sa vie[3]!
Elle l'aime! et je suis un monstre furieux!
1580 Je la vois pour jamais s'éloigner de mes yeux!
Et l'ingrate* en fuyant me laisse pour salaire[4]
Tous les noms odieux que j'ai pris pour lui plaire!

SCÈNE V. — ORESTE, PYLADE; SOLDATS D'ORESTE.

PYLADE

Il faut partir, seigneur. Sortons de ce palais,
Ou bien résolvons-nous de n'en sortir jamais.
1585 Nos Grecs pour un moment en défendent la porte.
Tout le peuple assemblé nous poursuit à main forte[5].
Aux ordres d'Andromaque ici tout est soumis :
Ils la traitent en reine, et nous comme ennemis.
Andromaque elle-même, à Pyrrhus si rebelle,
1590 Lui rend tous les devoirs d'une veuve fidèle,
Commande qu'on le venge, et peut-être sur nous
Veut venger Troie encore et son premier époux[6].

---

1. *Révérer* : traiter avec respect, mais sans que cette vénération ait un caractère sacré; 2. Voir vers 1534 et la note; 3. *Son* et *sa* se rapportent à Pyrrhus; 4. Voir vers 1145 et la note; 5. A main armée; 6. Var. (1668, 1687) : *Commande qu'on le venge; et peut-être qu'encor | Elle poursuit sur nous la vengeance d'Hector.*

——— QUESTIONS ———

■ SUR LA SCÈNE IV. — En dépit des quatre premiers vers, qui marquent la stupeur, Oreste est-il fou à ce moment? Montrez que ce bilan lucide constitue une scène d'attente : d'une part, il faut un temps de repos entre les violences de la scène III et celles de la scène V; d'autre part, il faut laisser à Hermione le temps de se tuer.

● VERS 1583-1584. Si on se rappelle l'arrivée d'Oreste au début de la tragédie et ses intentions, cette invitation au « départ » n'est-elle pas pour lui la preuve évidente de son échec?

Allons. N'attendons pas que l'on nous environne;
Nos Grecs nous rejoindront; et tandis qu'Hermione
1595 Tient encore le peuple autour d'elle arrêté,
Voilà notre chemin, sortons en sûreté.

ORESTE

Non, non, c'est Hermione, amis, que je veux suivre :
A son dernier arrêt je ne puis plus survivre.
Partez : j'ai fait le crime, et je vais l'expier.

PYLADE

1600 Hermione, seigneur? Il la faut oublier.
Quoi! toujours l'instrument et l'objet de sa rage,
Cherchez-vous chez les morts quelque nouvel outrage?
Et parce qu'elle meurt, faut-il que vous mouriez?

ORESTE

Elle meurt? Dieux! qu'entends-je?

PYLADE

Eh quoi! vous l'ignoriez?
1605 En rentrant dans ces lieux nous l'avons rencontrée
Qui courait vers le temple, inquiète, égarée.
Elle a trouvé Pyrrhus porté sur des soldats[1]
Que son sang excitait à venger son trépas.
Sans doute à cet objet[2] sa rage s'est émue.
1610 Mais du haut de la porte enfin nous l'avons vue,
Un poignard à la main, sur Pyrrhus se courber,
Lever les yeux au ciel, se frapper et tomber[3].

---

1. Sur les épaules des soldats; 2. A cette vue (du lat. *objectum*, ce qui est placé devant les yeux); 3. Dans la légende grecque, Hermione survécut à Pyrrhus et épousa Oreste, puis Diomède.

─────── QUESTIONS ───────

● Vers 1585-1596. Dernière touche au portrait d'Andromaque. Sommes-nous très étonnés par l'énergie et le sang-froid d'Andromaque? Pylade donne de sa conduite une explication (dites dans quels vers); est-il nécessaire d'imaginer qu'Andromaque aimait Pyrrhus? Ne peut-on attribuer à cette princesse le sens des responsabilités monarchiques dont Louis XIV donnait l'exemple? — L'allusion à Hermione est-elle claire?

● Vers 1597-1599. Que veulent dire ces vers exactement? Si Oreste suit Hermione, c'est-à-dire s'il reste en Épire, qu'adviendra-t-il de lui entre les mains des gens de Pyrrhus?

● Vers 1600-1612. Comptez les récits que le spectateur a entendus depuis le début de l'acte. Que pensez-vous des critiques des romantiques contre ces fins de tragédie? — Le style de ce récit : est-il pathétique?

ORESTE

Grâce aux dieux! Mon malheur passe[1] mon espérance!
Oui, je te loue, ô ciel, de ta persévérance.
1615 Appliqué sans relâche au soin* de me punir,
Au comble des douleurs tu m'as fait parvenir;
Ta haine* a pris plaisir à former ma misère[2];
J'étais né pour servir d'exemple à ta colère[3],
Pour être du malheur un modèle accompli.
1620 Hé bien! je meurs content, et mon sort est rempli.
Où sont ces deux amants? Pour couronner ma joie,
Dans leur sang, dans le mien, il faut que je me noie;
L'un et l'autre en mourant je les veux regarder.
Réunissons trois cœurs qui n'ont pu s'accorder.
1625 Mais quelle épaisse nuit tout à coup m'environne?
De quel côté sortir? D'où vient que je frissonne?
Quelle horreur[4] me saisit? Grâce au ciel, j'entrevoi[5]...
Dieux! quels ruisseaux de sang coulent autour de moi!

PYLADE

Ah! seigneur.

ORESTE

Quoi? Pyrrhus, je te rencontre encore?
1630 Trouverai-je partout un rival que j'abhorre?
Percé de tant de coups, comment t'es-tu sauvé?
Tiens, tiens, voilà le coup que je t'ai réservé.
Mais que vois-je? A mes yeux Hermione l'embrasse[6]?
Elle vient l'arracher au coup qui le menace.
1635 Dieux! quels affreux regards elle jette sur moi!
Quels démons, quels serpents traîne-t-elle après soi[7]?

---

1. *Passer* : dépasser; 2. *Misère* : malheur; 3. J'étais né pour apparaître comme le modèle de ceux sur qui s'appesantit ta colère; 4. *Horreur* : frisson qui fait hérisser les cheveux; sens physique qui commençait à vieillir au XVIIᵉ s.; 5. Voir vers 688 et la note. 6. *Embrasser* : entourer de ses bras; 7. Voir vers 1323 et la note.

--- **QUESTIONS** ---

● Vers 1613-1628. Les trois mouvements de cette tirade. — Comparez les vers 1613-1620 aux vers 25-28, 65-66, 98 : au soir de cette journée, Oreste peut-il avoir confiance en son destin? On a dit qu'il y avait du romantisme dans la complaisance d'Oreste pour son malheur; n'est-ce pas plutôt une façon de faire passer sur le plan psychologique la fatalité antique qui poursuit les Atrides? — Oreste est-il encore lucide quand il songe au suicide? Comment le destin se manifeste-t-il pour lui interdire la seule issue qui pourrait le faire échapper à son sort?

Hé bien! filles d'enfer¹, vos mains sont-elles prêtes?
Pour qui sont ces serpents qui sifflent sur vos têtes?
A qui destinez-vous l'appareil² qui vous suit?
1640 Venez-vous m'enlever dans l'éternelle nuit?
Venez, à vos fureurs* Oreste s'abandonne.
Mais non, retirez-vous, laissez faire Hermione :
L'ingrate* mieux que vous saura me déchirer;
Et je lui porte enfin mon cœur à dévorer.

PYLADE

1645 Il perd le sentiment. Amis, le temps nous presse;
Ménageons³ les moments que ce transport* nous laisse.
Sauvons-le. Nos efforts deviendraient impuissants
S'il reprenait ici sa rage avec ses sens.

---

1. Les Erinnyes ou Furies, divinités infernales qui s'acharnaient après les meurtriers, les tourmentant à coups de fouet ou les faisant mordre par des serpents; 2. Voir vers 23 et la note; 3. Ne laissons pas perdre.

■ QUESTIONS

● Vers 1629-1644. Précisez les jeux de scène indiqués par le texte. Cette description d'un délire hallucinatoire est-elle réaliste? Montrez que la poésie classique apporte même à l'expression de l'horreur une certaine stylisation.

● Vers 1645-1648. Quel est pour Oreste le dénouement?

■ Sur l'ensemble de la scène v. — Quels sont les deux personnages dont le sort est fixé par cette scène?

— Distinguez les étapes d'Oreste vers la folie. — Si l'on se reporte à la fin de la scène iii de l'acte IV (vers 1245-1252), la mort d'Hermione ne représente-t-elle pas pour Oreste un malheur pire que la mort de Pyrrhus pour Hermione? Qu'a fait Oreste pour sauver la vie d'Hermione?

— Rapprochez cette scène de la scène première du premier acte et comparez la première et la dernière image que nous ayons d'Oreste et de son ami Pylade.

■ Sur l'ensemble de l'acte v. — Les étapes du dénouement : comment le spectateur suit-il les événements qui se déroulent à l'extérieur? Les récits au cours de l'acte; y en a-t-il autant que dans les autres tragédies? Comparez, par exemple, à *Britannicus* et à *Phèdre :* quelle différence y a-t-il sur le plan dramatique et psychologique entre un dénouement « décomposé » en récits successifs et un dénouement révélé par un récit « global »?

— Le sort des quatre principaux personnages : le destin apporte-t-il à chacun d'eux ce qu'il méritait par son caractère, par ses passions, par ses actions?

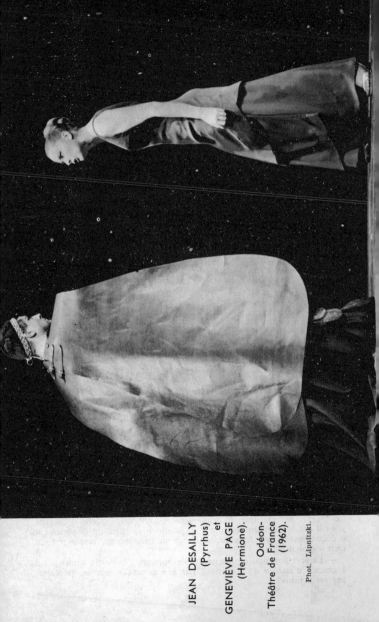

JEAN DESAILLY
(Pyrrhus)
et
GENEVIÈVE PAGE
(Hermione).

Odéon-
Théâtre de France
(1962).

Phot. Lipnitzki.

CATHERINE
SELLERS
DANS LE RÔLE
D'ANDROMAQUE

Odéon-
Théâtre de France
(1962).

Phot. Lipnitzki.

DOCUMENTATION THÉMATIQUE

réunie par la Rédaction des Nouveaux Classiques Larousse

1. LES PERSONNAGES

1.1. ANDROMAQUE

Le personnage d'Andromaque apparaît dès *l'Iliade* dans la littérature grecque. Fille d'Eétion, ce roi de Thèbes qu'Achille vainquit avec ses sept fils, elle fut libérée après versement d'une rançon et épousa Hector, l'un des fils du roi de Troie, Priam. Les étapes essentielles de sa fortune littéraire sont, après *l'Iliade*, *la Destruction d'Ilion* d'Arctinos (VIIIᵉ s. av. J.-C.), *les Troyennes* et *Andromaque* d'Euripide, *l'Enéide* de Virgile, *les Troyennes* de Sénèque. En France, Robert Garnier la fait apparaître dans *la Troade* (1578); puis c'est la tragédie célèbre de Racine, et, enfin, Giraudoux la fait apparaître dans *La guerre de Troie n'aura pas lieu*.

A. LE PERSONNAGE VU PAR L'ANTIQUITÉ.

Au chant VI de *l'Iliade* a lieu la célèbre rencontre entre Andromaque, inquiétée par de funestes pressentiments, et Hector, prêt à partir au combat; Astyanax est présent. Nous reproduisons ici les vers 409-432 et 466-484.

(Andromaque s'adresse à Hector qui la cherchait sur les remparts avant de partir pour le combat.)

Les Achéens bientôt te tueront, en se jetant tous ensemble sur toi; et, pour moi, alors, si je ne t'ai plus, mieux vaut descendre sous la terre. Non, plus pour moi de réconfort, si tu accomplis ton destin, plus rien que souffrances! Je n'ai déjà plus de père ni de digne mère. Mon père a été tué par le divin Achille, le jour qu'il a détruit la bonne cité des Ciliciens, Thèbes aux hautes portes. Mais s'il tua Eétion, du moins, il ne le dépouilla pas : son cœur y eut scrupule. Il le brûla, au contraire, avec ses armes ouvragées, puis sur lui répandit la terre d'un tombeau; et, tout autour, les nymphes des montagnes, filles de Zeus qui tient l'égide, ont fait pousser des ormeaux. Dans ma maison, j'avais sept frères, et tous, en un seul jour, s'en furent chez Hadès, tous abattus par le divin Achille aux pieds infatigables près de nos bœufs à la démarche torse et de nos brebis blanches. Ma mère même, qui régnait aux pieds du Placos forestier, il l'emmena ici avec tous nos trésors et ne la délivra qu'après avoir reçu une immense rançon; mais Artémis la Sagittaire la vint frapper au manoir de son père. Hector, tu es pour moi tout ensemble un père, une digne mère; pour moi tu es un frère autant qu'un jeune époux. Allons, cette fois, aie pitié; demeure ici sur le rempart; non, ne fais ni de ton fils un orphelin ni de ta femme une veuve.

> On étudiera le pathétique du passage, la sagesse d'Andro-
> maque et les traits qui marquent son inquiétude, ceux qui la
> fondent. Les reproches adressés à Hector. A quoi voit-on que
> le texte est écrit par un Grec pour un auditoire grec?

(Hector répond qu'il ne peut se dérober au combat.)

Il tend les bras à son fils. Mais l'enfant se détourne et se
rejette en criant sur le sein de sa nourrice à la belle ceinture :
il s'épouvante à l'aspect de son père; le bronze lui fait peur,
et le panache aussi en crins de cheval, qu'il voit osciller, au
sommet du casque, effrayant. Son père éclate de rire, et sa digne
mère. Aussitôt, de sa tête, l'illustre Hector ôte son casque :
il le dépose, resplendissant, sur le sol. Après quoi, il prend
son fils, et le baise, et le berce en ses bras, et dit, en priant Zeus
et les autres dieux : « Zeus! et vous tous, dieux! permettez
que mon fils, comme moi, se distingue entre les Troyens, qu'il
montre une force égale à la mienne et qu'il règne, souverain,
à Ilion! Et qu'un jour on dise de lui : « Il est encore plus vaillant que son père », quand il rentrera du combat! Qu'il en
apporte les dépouilles sanglantes d'un ennemi tué, et que sa
mère en ait le cœur en joie! » Il dit et met son fils dans les bras
de sa femme; et elle le reçoit sur son sein parfumé, avec un rire
en pleurs. Son époux, à la voir, alors a pitié.

Trad. de Paul Mazon (les Belles Lettres).

> Les prémonitions d'Hector : leur caractère propre aux per-
> sonnages de l'Antiquité dans sa situation présente; la « conta-
> gion » par l'angoisse d'Andromaque. Les détails qui rendent
> la scène familière sans altérer le pathétique.
>
> Concernant ces deux textes, on établira les rapprochements
> utiles avec l'*Andromaque* de Racine (III, VIII, vers 1014 et sui-
> vants). On se référera également à *La guerre de Troie n'aura
> pas lieu* (I, III) de Giraudoux. On dégagera les traits essentiels
> du personnage d'Andromaque; ici, les raisons et les formes de
> son amour pour Hector. Saint-Marc Girardin écrivait d'elle :

[Andromaque] est le type de l'amour conjugal et de l'amour
maternel; c'est l'épouse et la mère telle que l'Antiquité la conce-
vait : modeste, cachée, fidèle au toit domestique et aux travaux
de son sexe, aimant son mari avec un admirable mélange d'ardeur et de respect, et son fils, avec une tendresse profonde et
donc mêlée de je ne sais quels pressentiments trop tôt justifiés.

> On complétera les extraits donnés ci-dessus par le passage
> du chant XXII où Andromaque se précipite aux remparts, voit
> Hector traîné devant la ville par Achille et exprime sa douleur
> en un poignant monologue; on se reportera enfin au chant XXIV,
> où elle s'adresse pour la dernière fois à Hector, lors des funé-
> railles de ce dernier.

L'*Andromaque* d'Euripide est de peu postérieure à 431 avant J.-C.
Voici d'abord en quels termes Hermione s'adresse à elle (vers 155-168) :

> Hermione (à Andromaque). — Pour toi, esclave et captive
> de guerre, tu prétends mettre la main sur cette maison en nous
> en chassant; je suis en horreur à mon époux, par tes philtres,
> et mon sein, par ta faute, se consume dans la stérilité. Car il
> est habile à tes maléfices, l'esprit des femmes du continent.
> Mais je saurai, moi, y mettre un terme. Point ne te servira cette
> demeure de la Néréide, ni l'autel ni le temple : tu mourras.
> En tout cas, si quelqu'un veut te sauver, dieu ou mortel, il te
> faut quitter l'orgueil de ton ancienne opulence, pour te tapir
> à terre et tomber à mes genoux, balayer ma maison, et, une urne
> d'or en main, l'asperger de la rosée du fleuve, apprendre enfin
> où tu es.   Trad. de L. Méridier (les Belles Lettres).

Dans la suite du même passage (vers 183-206), Andromaque
répond :

> Hélas, pour les mortels quel mal que la jeunesse, et avec
> la jeunesse l'injustice dans un cœur humain! Pour moi, je tremble
> que ma condition servile ne m'ôte le droit de te répondre, avec
> tant de justes raisons; et, si je l'emporte, que la victoire ne me
> coûte cher. Car les âmes hautaines souffrent avec aigreur que
> la raison triomphe par la bouche des inférieurs. N'importe!
> on ne me prendra pas à me trahir moi-même. Dis-moi, jouven-
> celle : quelle garantie m'encourage à te déposséder d'un hymen
> légitime? Serait-ce que Lacédémone le cède à la Phrygie, que
> ma fortune passe la tienne et que tu me vois libre? Est-ce la
> jeunesse d'un corps en fleur, la grandeur de mes richesses et
> mes amis qui m'enhardissent à vouloir te supplanter dans la
> maison? Et pourquoi? Pour donner moi-même, à ta place, le
> jour à des esclaves, et traîner leur misère à ma remorque? Mes
> fils, les tolérera-t-on rois de Phthie, si tu n'as pas d'enfants?
> Les Grecs m'aiment-ils donc en souvenir d'Hector? Moi-même
> étais-je sans éclat, et non pas reine de Phrygie? Non, ce ne
> sont pas mes maléfices qui te rendent odieuse à ton époux,
> mais ton inaptitude à la vie commune.

> Trad. de L. Méridier (les Belles Lettres).

On comparera ces deux textes avec la manière dont Andromaque apparaît dans la tragédie de Racine : épuration de toute
couleur locale, tonalité différente, « bienséance » des propos.
Les manifestations de sa fierté dans les deux pièces.

Dans *les Troyennes*, tragédie attribuée à Sénèque, trois passages
peuvent être rapprochés de la tragédie de Racine. Ce sont d'abord
les vers 416-425 et 461-474.

Andromaque évoque la mort d'Hector (voir *l'Iliade*, XXII) et
s'assimile à l'époux qu'elle a tant aimé :

C'est alors que je fus écrasée, abattue, et tout ce qui arriva depuis, je le supporte dans une torpeur, une insensibilité absolue due à mes malheurs; cela me laisse froide. Je me serais déjà arrachée aux Danaens pour suivre mon époux si cet enfant ne me retenait : c'est lui qui maîtrise mes désirs et me défend de mourir; c'est lui qui me force à implorer encore quelque chose des dieux : il a prolongé ma misère. C'est lui qui m'a ravi le plus grand fruit du malheur, c'est-à-dire l'avantage de ne plus rien craindre; il n'y a plus en moi de place pour le bonheur, mais il y en a encore pour une affliction nouvelle, et c'est le comble de la misère, que d'avoir toujours à craindre alors même qu'on n'a plus rien à espérer.

Puis elle s'adresse à son fils :

Ô mon fils, vrai sang d'un illustre père, seul espoir des Phrygiens, espoir unique d'une maison abattue, rejeton trop connu d'une antique race et trop semblable à ton père (oui, tels étaient les traits de mon Hector, telle était sa démarche, tel son maintien; c'est ainsi qu'il portait ses redoutables mains; il avait cette haute stature, il avait ce front fièrement menaçant, il éparpillait ainsi, en agitant le cou, sa chevelure); ô mon fils, toi qui naquis trop tard pour Troie, mais trop tôt pour ta mère, viendra-t-il le temps, ce jour fortuné où, défenseur et vengeur du sol troyen, tu pourras ressusciter Pergame et y ramener ses habitants dispersés par la déroute en restituant leur nom aux Phrygiens et à ta patrie?

Enfin, dans les vers 712-729 et 739-748, elle s'adresse à Ulysse, venu prendre Astyanax pour le sacrifier, et tente de lui montrer combien la crainte de voir en ce dernier une menace troyenne est vaine.

Chasse de ta mémoire tes royaux ancêtres et l'empire du grand vieillard, illustre dans toutes les terres; oublie Hector; conduis-toi en captif et, en pliant le genou, si tu n'as pas encore le sentiment de nos deuils, imite du moins ta mère et pleure comme elle. Troie a déjà vu les larmes d'un roi enfant et, encore petit, Priam a fléchi les menaces du farouche Alcide. Celui-là, ce fier héros dont les forces immenses ont fait céder tous les monstres, qui brisa la porte de Pluton et s'ouvrit en arrière le chemin des ténèbres, fut vaincu par les larmes de son ennemi minuscule : « Reprends, dit-il, les rênes, ô roi, et tiens-toi sur le trône paternel, mais porte ton sceptre avec plus de loyauté. » Voilà ce que c'était que d'être le captif d'un tel vainqueur!

Quoi, ces ruines-ci, ces ruines d'une ville réduite en cendres seront relevées par cet enfant? De telles mains pourraient rebâtir Troie? Troie n'a plus d'espoir, si elle n'a que celui-là. L'état d'abattement où nous gisons n'est pas tel que nous puissions inspirer des craintes à qui que ce soit. Son père lui donnerait de l'orgueil; mais n'a-t-il pas été traîné? Lui-même, après la chute de Troie, aurait quitté ses sentiments orgueilleux, car ils sont brisés par des malheurs excessifs. Si c'est un châtiment qu'on exige (peut-il en être un plus dur?), qu'il courbe sous le joug de l'esclavage sa noble tête et qu'il lui soit permis de servir.

On dégagera de ces trois textes la manière dont Sénèque voit Andromaque, dans son amour conjugal et maternel; on comparera avec Racine. Plus précisément, on rapprochera le premier fragment d'*Andromaque* I, iv, le second de II, v, et le troisième de IV, i.

B. Robert Garnier.

Le poète français Robert Garnier (1544-1590) a donné des *Troyennes* d'Euripide une très fidèle adaptation dans sa *Troade* :

ULYSSE

Allons, je n'ai loisir de contester longtemps,
Et en si vains propos dépenser mal de temps.

ANDROMAQUE

Permets à tout le moins que le dernier office
Je lui fasse, sa mère, et qu'adieu je lui dise :
Permets, permets qu'au moins je le puisse embrasser,
Et pleurer dessus lui devant que[1] trépasser.

ULYSSE

Je voudrais volontiers à vos pleurs satisfaire.
Je voudrais vous aider, mais je ne puis le faire.
Tout ce qu'ore[2] je puis, c'est vous donner loisir
De faire vos regrets selon votre désir.
La douleur que l'on pleure est beaucoup allégée.

ANDROMAQUE

O seul réconfort de ta mère affligée!
O lustre de l'Asie! ô l'espoir des Troyens!
O sang hectoréan[3]! ô peur des Argiens!
O espérance vaine! ô enfant déplorable,
Que je m'attendais voir à mon Hector semblable
En faits chevaleureux, et te voir quelque jour
Au trône de Priam tenir ici ta cour!
Las! cet espoir est vain, et ta royale dextre
Jamais ne portera de tes aïeux le sceptre;
Tu ne rendras justice à tes peuples soumis
Et ne subjugueras tes voisins ennemis;
Tu n'iras moissonner[4] les grégeoises phalanges[5];
Tu n'iras de ton père égaler les louanges;
Tu ne meurtriras Pyrrhe[6], et, traîné par trois fois,
Ne lui fera racler le troïque gravois[7].
Jeune tu ne feras exercice des armes,
Tu n'iras travailler[8] d'ordinaires allarmes

Les bêtes des forêts, affrontant, animeux[9],
L'épée dans le point, un sanglier écumeux,
Un grand ours idéan[10], ou de carrière[11] viste[12]
Tu ne suivras d'un cerf l'infatigable fuite.
O cruauté de mort! nos murs verront, hélas!
Un spectacle plus dur que d'Hector le trépas!

ULYSSE

Mettez fin à vos pleurs; trop longtemps je demeure.

ANDROMAQUE

Permettez-moi, pour Dieu, que mon enfant je pleure,
Que je le baise encore. Ô mon mignon, tu meurs,
Et me laisses, pauvret, pour languir en douleurs.
Las! tu es bien petit, mais jà[13] tu donnes crainte.
Or va, mon cher soleil, et porte cette plainte
Aux saints Mânes d'Hector; jà la main il te tend,
Et sur les tristes bords toute Troie t'attend.
Mais devant que partir que je te baise encore,
Que ce dernier baiser gloutonne je dévore.
Or, adieu, ma chère âme.

ASTYANAX

Hé! ma mère!

ANDROMAQUE

Pourquoi,
Pourquoi, pauvret, en vain réclamez-vous à moi?
Pourquoi me tenez-vous?

ASTYANAX

Hé, ma mère! il m'emmène.

ANDROMAQUE

Je ne vous puis aider, ma résistance est vaine.

En quoi ce passage confirme-t-il la définition que Garnier lui-même donne du genre tragique dans sa dédicace : la tragédie est « la représentation des malheurs lamentables des princes avec les saccagements des peuples »? On montrera les points communs avec Racine et on étudiera l'arrière-plan de la tragédie en essayant d'en définir le rôle.

Enfin, on réfléchira sur le jugement que porte Chateaubriand sur le personnage d'Andromaque vu par l'Antiquité gréco-romaine et présenté par Racine. Dans le *Génie du christianisme*

---

1. *Devant que* : avant que; 2. *Ore* : maintenant; 3. *Hectoréan* : d'Hector; 4. *Moissonner* : décimer; 5. *Phalanges* : armée; 6. *Pyrrhe* : Pyrrhus; 7. *Gravois* : sable troyen; 8. *Travailler* : faire souffrir; 9. *Animeux* : vaillant, ardent; 10. *Idéan* : du mont Ida; 11. *Carrière* : course; 12. *Viste* : rapide; 13. *Jà* : déjà.

} (1802), il veut montrer que les œuvres des écrivains chrétiens
} ne sont pas inférieures à celles de l'Antiquité.

Les sentiments les plus touchants de l'Andromaque de
Racine émanent pour la plupart d'un poète *chrétien*. L'Andromaque de *l'Iliade* est plus épouse que mère; celle d'Euripide
a un caractère à la fois rampant et ambitieux, qui détruit le
caractère maternel; celle de Virgile est tendre et triste, mais
c'est moins encore la mère que l'épouse; la veuve d'Hector
ne dit pas : *Astyanax ubi est?* mais *Hector ubi est?* L'Andromaque de Racine est plus sensible, plus intéressante que l'Andromaque antique; ce vers simple et si aimable :

> *Je ne l'ai point encore embrassé d'aujourd'hui*

est le mot d'une femme chrétienne : cela n'est point dans le
goût des Grecs, et encore moins des Romains. L'Andromaque
d'Homère gémit sur les malheurs futurs d'Astyanax, mais elle
songe à peine à lui dans le présent; la mère, sous notre culte,
plus tendre, sans être moins prévoyante, oublie quelquefois ses
chagrins, en donnant un baiser à son fils. Les Anciens n'arrê-
taient pas longtemps les yeux sur l'enfance; il semble qu'ils
trouvaient quelque chose de trop naïf dans le langage du ber-
ceau. Il n'y a que le Dieu de l'Évangile qui ait osé nommer
sans rougir les *petits enfants (parvuli)*, et qui les ait offerts en
exemple aux hommes.

1.2. PYRRHUS ET HERMIONE

A. PYRRHUS.

Voici comment il apparaît dans *l'Enéide* de Virgile (chant III),
lors de la prise de Troie (vers 469-471, 483-505 et 550-558).

Devant la cour d'entrée, sur le seuil de la première porte,
Pyrrhus exultant d'audace resplendit sous ses armes d'une
lumière d'airain. Ainsi quand reparaît à la lumière, gorgé
d'herbes vénéneuses, le serpent que le froid hiver enfermait
gonflé sous la terre : maintenant, hors de sa dépouille, bril-
lant d'une jeunesse neuve, la poitrine haute, déroulant sa croupe
luisante, il se dresse au soleil, et sa gorge darde une langue
au triple aiguillon [...]. On voit apparaître l'intérieur du palais
et la longue suite des cours. On voit, jusqu'en ses profondeurs
sacrées, la demeure de Priam et de nos anciens rois, et des
hommes en armes debout sur le premier seuil. L'intérieur n'est
que gémissements, tumulte et douleur. Toutes les cours hurlent
du cri lamentable des femmes : la clameur va frapper les étoiles
d'or. Les mères épouvantées errent çà et là dans les immenses
galeries; elles embrassent, elles étreignent les portes, elles y
collent leurs lèvres. Pyrrhus, aussi fougueux que son père, presse

l'attaque : ni barres de fer ni gardiens ne peuvent soutenir l'assaut. Les coups redoublés du bélier font éclater les portes et sauter les montants de leurs gonds. La violence se fraie la voie. Le torrent des Grecs force les entrées; ils massacrent les premiers qu'ils rencontrent; et les vastes demeures se remplissent de soldats. Quand, ses digues rompues, un fleuve écumant est sorti de son lit et a surmonté de ses remous profonds les masses qui lui faisaient obstacle, c'est avec moins de fureur qu'il déverse sur les champs ses eaux amoncelées et qu'il entraîne par toute la campagne les grands troupeaux et leurs étables. J'ai vu de mes yeux, ivre de carnage, Néoptolème, et, sur le seuil, les deux Atrides. J'ai vu Hécube et ses cent brus, et au pied des autels, Priam dont le sang profanait les feux sacrés qu'il avait lui-même allumés. Ces cinquante chambres nuptiales, vaste espoir de postérité, leurs portes superbement chargées des dépouilles et de l'or des Barbares, tout s'est effondré. Les Grecs sont partout où n'est pas la flamme.

[Pyrrhus parvient jusqu'à Priam.]

Il traîne devant l'autel le vieillard tremblant dont les pieds glissaient dans le sang de son fils, et, de la main gauche, le saisissant aux cheveux, il tire de sa main droite son épée flamboyante qu'il lui enfonce dans le côté jusqu'à la garde. Ainsi finit Priam; ce fut ainsi que, sous la volonté des destins, il sortit de la vie, les yeux remplis des flammes de Troie et des ruines de Pergame, lui dont naguère ses peuples et ses terres innombrables faisaient le superbe dominateur de l'Asie. Il gît sur le rivage, tronc énorme, la tête arrachée des épaules, cadavre sans nom.

Trad. d'A. Bellessort (les Belles Lettres).

On comparera avec *Andromaque* (III, VIII, vers 995 et suivants) après avoir dégagé les traits psychologiques essentiels qui apparaissent ici. On rapprochera ce texte de ce que dit Racine dans sa première Préface (4e §, p. 30). Dans des notes marginales à une *Poétique* d'Aristote, Racine écrivait :

Il faut donc que ce soit un homme qui soit entre les deux, c'est-à-dire qui ne soit point extrêmement juste et vertueux, et qui ne mérite point aussi son malheur par [un excès de] méchanceté et [d']injustice. Mais il faut que ce soit un homme qui, par sa faute, devienne malheureux [et tombe] d'une grande félicité et d'un rang très considérable [dans une grande misère] : comme Œdipe, Thyeste et d'autres personnages illustres de ces sortes de familles.

On mettra ce texte en relation avec les *Sentiments de l'Académie sur « le Cid »*. L'Académie, reprochant à Corneille d'avoir

} suivi son modèle espagnol jusque dans la passion indéfectible
} de Chimène pour Rodrigue, écrivait :

C'est principalement en ces rencontres que le poète a droit
de préférer la vraisemblance à la vérité, et de travailler plutôt
sur un sujet feint et raisonnable que sur un véritable qui ne
soit pas conforme à la raison. Que s'il est obligé de traiter une
matière historique de cette nature, c'est alors qu'il la doit réduire
aux termes de la bienséance, sans avoir égard à la vérité, et qu'il
la doit plutôt changer tout entière que de lui laisser rien qui
soit incompatible avec les règles de son art, lequel, se propo-
sant l'idée universelle des choses, les épure des défauts et des
irrégularités particulières que l'histoire, par la sévérité de ses
lois, est contrainte d'y souffrir.

} Quel est votre jugement sur Pyrrhus? Pour quels motifs
} peut-on préférer le personnage antique ou le personnage de
} Racine? Quelles conventions sous-tendent l'une et l'autre inter-
} prétation? Qu'aurait choisi un écrivain romantique, et pourquoi?

B. HERMIONE.

Dans l'*Andromaque* d'Euripide, Hermione et sa rivale s'affrontent
en une scène beaucoup plus longue que chez Racine.

} On comparera pour le ton le passage suivant avec la scène IV
} de l'acte III et le vers 887 :

HERMIONE

Ô race de barbares! arrogante, indomptable!
Tu braves donc la mort? Mais moi je sais comment
te déloger d'ici, et sans qu'on t'y oblige et sur-le-champ,
tel est l'appeau que je te réserve. Je n'en dis pas plus.
Les actes bientôt prendront la parole.
Demeure sur l'autel. Tu y seras soudée
par du plomb fondu, je t'en ferais lever
avant le retour de Néoptolème, en qui tu mets ton espérance.

(Elle rentre dans le palais.)

ANDROMAQUE

Mon espérance, oui. Que c'est étrange!
Les dieux ont enseigné aux hommes à guérir la piqûre des serpents,
et, ce qui est pire que la vipère et que le feu,
une femme méchante, on n'y connaît point d'antidote,
tant pour la race humaine nous sommes un fléau.

[Hermione et Oreste. Voici leur rencontre chez Euripide :]

ORESTE

Passant en Phtie, je veux m'enquérir d'une femme,
ma parente, savoir si elle est en vie et heureuse.
C'est Hermione de Sparte. Bien éloigné du mien
est le pays où elle habite. Elle ne m'en est pas moins chère.

HERMIONE

Ah! tu m'apparais comme au matelot un port dans la tempête,
fils d'Agamemnon! Par tes genoux que je touche,
aie pitié de moi pour mon destin dont tu t'enquiers.
Je suis dans la peine. Comme des rameaux suppliants
j'étends mes bras autour de tes genoux.

> Qui prend ici l'initiative? On comparera Hermione chez l'un
> et l'autre auteur dramatique, en utilisant les scènes I et II de
> l'acte II, II de l'acte III, III de l'acte IV et I à III de l'acte V chez
> Racine. On complétera avec le passage suivant :

HERMIONE

Pour ce qui est de mon mariage, c'est à mon père
d'en prendre souci, car je ne puis en décider.
Mais hâte-toi de m'éloigner d'ici.
Il ne faut pas que le retour de mon mari m'y trouve encore
ou que le vieux Pélée, sachant que j'abandonne la maison,
envoie ses cavaliers à ma poursuite.

ORESTE

Ne crains rien. Un vieillard est faible. Quant au fils d'Achille,
tu n'as rien à en redouter après l'offense qu'il m'a faite.
Un piège sûr est préparé,
un filet aux mailles serrées qui l'attend pour sa perte,
tendu par cette mienne main. Je ne veux pas le décrire à l'avance,
quand tout sera fini, le rocher de Delphes en pourra parler.
Si mes alliés respectent leur serment sur le sol de Pythô,
C'est moi le matricide
qui saurai lui apprendre
qu'on n'épouse pas celle qui m'est due.

2. LA CRÉATION DRAMATIQUE

2.1. LES SOURCES D'INSPIRATION

> On confrontera le schéma de l'*Andromaque* de Racine avec
> le résumé de la pièce d'Euripide; on relèvera ressemblances et
> différences. Dans quelle voie chaque écrivain s'est-il engagé?

Euripide : *Andromaque.*

Résumé : Andromaque, captive de Néoptolème (Pyrrhus), fils
d'Achille, a eu de lui un fils. Mais lorsque Néoptolème a épousé
Hermione, celle-ci, qui n'a pas d'enfant, est jalouse d'Andromaque
et l'accuse de la rendre stérile et odieuse à son époux par des philtres.
Profitant de l'absence de Néoptolème parti pour Delphes, Hermione, avec l'aide de Ménélas, cherche à faire périr Andromaque
et son fils. Ceux-ci sont sauvés par l'arrivée de Pélée, accouru à

l'appel d'Andromaque. Hermione craint que Néoptolème, à son retour, ne la punisse. C'est alors qu'apparaît Oreste : il a entendu parler des malheurs d'Hermione, il lui rappelle qu'elle lui a été jadis promise et il espère qu'elle le suivra; d'ailleurs, il a tendu un piège à Néoptolème dans le sanctuaire de Delphes. Hermione s'en va avec Oreste. Le messager vient raconter le meurtre de Néoptolème et Thétis vient annoncer à Pélée, son vieil époux, que sa descendance sera assurée parce que le fils d'Andromaque et de Néoptolème deviendra roi de Molossie quand sa mère aura épousé Hélénos.

Au chant III de *l'Énéide*, Virgile fait dépeindre par Énée son arrivée dans la capitale de l'Épire; le premier spectacle qui s'offre à ses yeux est celui d'Andromaque sacrifiant aux mânes d'Hector (vers 292-293, 301, 303-305, 320-328, 330-333) :

> Nous longeons les côtes de l'Épire et, entrés dans le port de Chaonie, nous nous dirigeons vers la haute ville de Buthrote. [...] A ce moment [...] Andromaque offrait à la cendre d'Hector les mets accoutumés et les présents funèbres, et elle invoquait les Mânes devant un cénotaphe de vert gazon et deux autels consacrés pour la pleurer toujours. [...] Elle baisse les yeux et la voix, et me dit : « Heureuse avant toutes la fille de Priam condamnée à mourir sur le tombeau d'un ennemi, devant les hauts murs de Troie : elle n'a pas eu à subir le tirage au sort et n'a pas touché, en captive, le lit d'un vainqueur et d'un maître. Nous, des cendres de notre patrie traînées sur toutes les mers, nous avons enduré l'orgueil du fils d'Achille et son insolente jeunesse, et nous avons enfanté dans la servitude. Puis lorsqu'il a suivi la petite-fille de Léda, Hermione, et qu'il a rêvé d'un hymen lacédémonien. [...] Mais enflammé d'amour pour la femme qui lui était ravie, et harcelé par les Furies de son parricide, Oreste le surprend devant l'autel d'Achille et l'égorge à l'improviste. »

Trad. d'A. Bellessort (les Belles Lettres).

> On rapprochera ce passage de la Préface d'*Andromaque* et de la trame de la tragédie de Racine; dans quelle mesure est-ce la source essentielle?
> Comparez le canevas d'*Andromaque* avec le résumé de *Pertharite* (actes I à III).

Grimoald, comte de Bénévent, ayant vaincu Pertharite, roi des Lombards, vient d'entrer dans Milan. On croit que Pertharite est mort, et Grimoald, bien qu'il soit fiancé à Eduïge, sœur de Pertharite, qui doit lui apporter en dot le royaume de Pavie, s'est épris de Rodelinde, veuve de Pertharite. Mais Rodelinde est fidèle à la mémoire de son époux. Il n'empêche qu'Eduïge, dépitée, promet sa main à son soupirant Garibalde, duc de Turin, s'il tue Grimoald. Grimoald exige prudemment d'épouser avant de tuer, et Eduïge se rabat sur une preuve d'amour moins sanglante, mais plus héroïque : que Garibalde ramène Grimoald à ses pieds. Garibalde n'est pas si généreux; d'ailleurs, il n'aime point Edüige et veut en réalité régner à Pavie pour s'emparer ensuite de Milan. Garibalde juge donc préférable, pour s'assurer la main d'Edüige, de travailler au rapprochement entre Rodelinde et Grimoald : il conseille à ce dernier de tuer le fils qu'elle a de Pertharite si elle ne consent pas à l'épouser. Grimoald hésite devant un procédé si cruel. C'est donc Garibalde qui mettra explicitement le marché en main à Rodelinde. Malgré Garibalde, Rodelinde arrive à se ménager un entretien avec Grimoald : elle consent au mariage à condition que Grimoald tue l'enfant de sa main. « Juste ciel ! » s'écrie Grimoald, et Rodelinde explique qu'elle croit que Grimoald ne tiendra pas sa parole et que, de toute façon, l'enfant est condamné. C'est à ce moment que Pertharite reparaît (acte III, scène IV).

2.2. LE DÉNOUEMENT

On comparera la version primitive de la scène III de l'acte V avec le texte définitif en s'aidant du commentaire de R. Picard (Bibliothèque de la Pléiade) que nous donnons à la suite du texte de 1668.

Les éditions de 1668 et de 1673 donnent le texte suivant, qui fut sans doute celui des premières représentations :

SCÈNE III. — ORESTE, ANDROMAQUE, HERMIONE, CÉPHISE, soldats d'Oreste.

ORESTE

Madame, c'en est fait, partons en diligence.
Venez dans mes vaisseaux goûter votre vengeance.
Voyez cette captive : elle peut mieux que moi
Vous apprendre qu'Oreste a dégagé sa foi.

HERMIONE

Ô dieux ! c'est Andromaque !

ANDROMAQUE

Oui, c'est cette princesse
Deux fois veuve, et deux fois l'esclave de la Grèce,
Mais qui jusque dans Sparte ira vous braver tous,
Puisqu'elle voit son fils à couvert de vos coups.
Du crime de Pyrrhus complice manifeste,
J'attends son châtiment. Car je vois bien qu'Oreste,
Engagé par votre ordre à cet assassinat,
Vient de ce triste exploit vous céder tout l'éclat.
Je ne m'attendais pas que le ciel en colère
Pût, sans perdre mon fils, accroître ma misère,
Et gardât à mes yeux quelque spectacle encor

Qui fit couler mes pleurs pour un autre qu'Hector.
Vous avez trouvé seule une sanglante voie
De suspendre en mon cœur le souvenir de Troie.
Plus barbare aujourd'hui qu'Achille et que son fils,
Vous me faites pleurer mes plus grands ennemis ;
Et ce que n'avait pu promesse ni menace,
Pyrrhus de mon Hector semble avoir pris la place.
Je n'ai que trop, madame, éprouvé son courroux :
J'aurais plus de sujet de m'en plaindre que vous.
Pour dernière rigueur ton amitié cruelle,
Pyrrhus, à mon époux me rendait infidèle.
Je t'en allais punir. Mais le ciel m'est témoin
Que je ne poussais pas ma vengeance si loin ;
Et sans verser ton sang ni causer tant d'alarmes ;
Il ne t'en eût coûté peut-être que des larmes.

HERMIONE

Quoi ?

ORESTE

Oui, [nos Grecs irrités...]
(Ici, le récit d'Oreste, vers 1496-1520, comme dans l'édition de 1697.)
Le Troyen est sauvé. Mais partons, le temps presse ;
L'Épire tôt ou tard satisfera la Grèce.
Cependant j'ai voulu qu'Andromaque aujourd'hui
Honorât mon triomphe et répondît de lui.
Du peuple épouvanté la foule fugitive
M'a laissé sans obstacle enlever ma captive,
Et regagner ces lieux où bientôt nos amis
Viendront couverts du sang que je vous ai promis.

(Ici, les répliques d'Hermione et d'Oreste, vers 1525-1564, comme dans l'édition de 1697. Après avoir lancé ses dernières invectives contre Oreste, Hermione se tourne vers Andromaque.)

HERMIONE

Allons, Madame, allons. C'est moi qui vous délivre.
Pyrrhus ainsi l'ordonne, et vous pouvez me suivre.
De nos derniers devoirs allons nous dégager,
Montrons qui de nous deux saura mieux le venger.

Dans une note de son édition du *Théâtre de Racine*, R. Picard remarque :

Cette longue variante comprend surtout un discours d'Andromaque qui rompait le rythme de l'action. Et il n'était pas vraisemblable qu'Hermione l'écoutât patiemment à un moment où elle n'avait pas encore de détails sur le meurtre. En outre, l'attente du spectateur, qui s'intéresse beaucoup plus aux réactions d'Hermione qu'à celles d'Andromaque, était trompée. C'est dans cette tirade que se trouve le vers : *Pyrrhus de mon*

Hector semble avoir pris la place qui a fait croire à une Andromaque amoureuse de Pyrrhus. Il n'en est rien. Il s'agit là d'une réaction de pitié de la part d'Andromaque, et Racine, attentif à maintenir la dureté inflexible du drame, l'a supprimée.

2.3. LE TÉMOIGNAGE DE LOUIS RACINE

Les difficultés que rencontre l'auteur à l'occasion de la représentation d'*Andromaque*, la querelle qui suivit et la pièce de Subligny sont évoquées dans la Notice, à laquelle on se reportera. Nous donnons quelques lignes des *Mémoires* de Louis Racine, publiés en 1747, que l'on confrontera avec les indications de la Notice et, sur certains points, avec la première Préface de Racine.

[*Andromaque*] fut représentée en 1667, et fit, au rapport de M. Perrault, à peu près le même bruit que *le Cid* avait fait dans les premières représentations. On voit, par l'épître dédicatoire, que l'auteur avait eu auparavant l'honneur de la lire à Madame : il remercie Son Altesse Royale des conseils qu'elle a bien voulu lui donner. Cette pièce coûta la vie à Montfleuri, célèbre acteur; il y représenta le rôle d'Oreste avec tant de force, qu'il s'épuisa entièrement : ce qui fit dire à l'auteur du *Parnasse réformé*, que tout poète désormais voudra avoir l'honneur de faire crever un comédien.

La tragédie d'*Andromaque* eut trop d'admirateurs pour n'avoir pas d'ennemis. Saint-Évremond ne fut ni du nombre des ennemis ni du nombre des admirateurs, puisqu'il n'en fit que cet éloge : « Elle a bien l'air des belles choses; il ne s'en faut presque rien qu'il n'y ait du grand. »

Un comédien, nommé Subligny, se signala par une critique en forme de comédie; elle ne fut pas inutile à l'auteur critiqué, qui corrigea, dans la seconde édition d'*Andromaque*, quelques négligences de style, et laissa néanmoins subsister certains tours nouveaux, que Subligny mettait au nombre des fautes de style, et qui, ayant été approuvés depuis comme tours heureux, sont devenus familiers à notre langue.

Les critiques les plus sérieuses contre cette pièce tombèrent sur le personnage de Pyrrhus, qui parut au grand Condé trop violent et trop emporté, et que d'autres accusèrent d'être un malhonnête homme, parce qu'il manque de parole à Hermione. L'auteur, au lieu de répondre à une critique si peu solide, entreprit de faire dans sa tragédie suivante le portrait d'un parfaitement honnête homme. C'est ce que Boileau donne à penser quand il le dit à son ami, en lui représentant l'avantage qu'on retire des critiques :

Au *Cid* persécuté *Cinna* doit sa naissance;
Et ta plume peut-être aux censeurs de Pyrrhus
Doit les plus nobles traits dont tu peignis Burrhus.

JUGEMENTS SUR « ANDROMAQUE »

XVIIᵉ SIÈCLE

A peine ai-je eu le loisir de jeter les yeux sur *Andromaque* et sur *Attila*; cependant il me paraît qu'*Andromaque* a bien l'air des belles choses; il ne s'en faut presque rien qu'il n'y ait du grand. Ceux qui n'entreront pas assez dans les choses l'admireront; ceux qui veulent des beautés pleines y chercheront je ne sais quoi d'attrayant qui les empêchera d'être tout à fait contents. Vous avez raison de dire que la pièce est déchirée par la mort de Montfleury, car elle a besoin de grands comédiens qui remplissent par l'action ce qui lui manque; mais, à tout prendre, c'est une belle pièce, et qui est fort au-dessus du médiocre, quoique un peu au-dessous du grand.

Saint-Evremond,
Lettre à M. de Lionne (1668).

> La racine s'ouvrant une nouvelle voie
>   Alla signaler ses vertus
> Sur les débris pompeux de la fameuse Troie,
>   Et fit un grand sot de Pyrrhus,
>   D'Andromaque une pauvre bête
>   Qui ne sait où porter son cœur,
>   Ni même où donner de la tête,
> D'Oreste, roi d'Argos, un simple ambassadeur,
>   Qui n'agit toutefois avec le roi Pylade
>   Que comme un argoulet,
>   Et, loin de le traiter comme son camarade,
>   Le traite de maître à valet.

Barbier d'Aucour,
Apollon, vendeur de Mithridate (1675).

XVIIIᵉ SIÈCLE

Il y a manifestement deux intrigues dans l'*Andromaque* de Racine, celle d'Hermione aimée d'Oreste et dédaignée de Pyrrhus, celle d'Andromaque qui voudrait sauver son fils et être fidèle aux mânes d'Hector. Mais ces deux intérêts, ces deux plans sont si heureusement rejoints ensemble que, si la pièce n'était pas un peu affaiblie par quelques scènes de coquetterie et d'amour plus dignes de Térence que de Sophocle, elle serait la première tragédie du théâtre français.

Voltaire,
*Remarques sur le troisième discours
du poème dramatique*, de Corneille.

XIXe SIÈCLE

Andromaque n'a de naturel que sa tendresse pour son fils; le reste est le résultat de l'éducation, des mœurs et du ton de la société la plus raffinée; elle a même cette coquetterie décente et noble qui s'allie si bien dans les femmes à la grande sévérité; elle a, si l'on peut parler ainsi, la coquetterie de la vertu, le plus puissant et le plus séducteur de tous les genres de coquetterie.

J.-L. Geoffroy,
Cours de littérature dramatique (1819-1820).

Racine a donné aux marquis de la cour de Louis XIV une peinture des passions, tempérée par l'*extrême dignité* qui était alors de mode, et qui faisait qu'un duc de 1670, même dans les épanchements les plus tendres de l'amour paternel, ne manquait jamais d'appeler son fils : *monsieur*.

C'est pour cela que le Pylade d'*Andromaque* dit toujours à Oreste : *seigneur*; et cependant quelle amitié que celle d'Oreste et de Pylade!

Stendhal,
Racine et Shakespeare (chap. III) [1823].

Tout ce qu'il y a de dévouement dans l'épouse, de tendresse dans la mère, Racine en a doué Andromaque. Mais il a voulu en même temps que la belle et aimable fille d'Eétion, l'Andromaque aux bras blancs, fût femme, et qu'elle n'ignorât pas la puissance de sa beauté. Elle s'en sert pour se défendre et pour protéger son fils; c'est de sa vertu même qu'elle apprend l'influence de ses charmes et que lui vient la pensée d'en user. J'appellerais cela une coquetterie vertueuse, si la plus noble de toutes les épithètes pouvait relever le mot de coquetterie. Le détail en est exquis; c'est la partie la plus touchante du rôle d'Andromaque.

Désiré Nisard,
Histoire de la littérature française (1844-1861).

Tout le rôle d'Hermione brise le cadre que Racine impose d'ordinaire à ses héroïnes. On peut dire qu'il est romantique avant la lettre, dans le sens effréné du mot. Phèdre elle-même ne sera plus tard ni si violente ni si spontanée. Classique par l'éloquence soutenue, la fierté royale, la beauté du style, Hermione a, par moments, les nerfs, l'exaltation, l'impétuosité déchaînée d'une femme de Shakespeare.

Paul de Saint-Victor,
les Deux Masques (1883).

Quatre personnages remplissent le drame : Oreste, Hermione, Pyrrhus, Andromaque. Oreste aime Hermione, qui ne l'aime pas;

Hermione aime Pyrrhus, qui ne l'aime pas; Pyrrhus aime Andromaque, qui ne l'aime pas. Ainsi trois groupes de termes opposés, qui se repoussent et s'attirent à la fois : Oreste et Hermione, Hermione et Pyrrhus, Pyrrhus et Andromaque. On pourrait presque... dire : Hermione et Pyrrhus sont les deux moyens dont Oreste et Andromaque sont les deux extrêmes... Quel est maintenant le jeu du drame? Il est tout entier dans le va-et-vient de ces deux moyens termes, tantôt se rapprochant, tantôt s'éloignant de ces deux extrêmes. Tantôt, en effet, Pyrrhus désespéré se détourne d'Andromaque et revient à Hermione, qui alors se hâte d'abandonner Oreste, et ainsi les deux extrêmes restent seuls, Andromaque dans sa joie *(ceci est inexact)*, Oreste dans sa fureur; tantôt, au contraire, l'espoir ramène Pyrrhus vers Andromaque, et Hermione à son tour, désespérée et ulcérée, se retourne vers Oreste... Aucune invention externe, aucune combinaison matérielle, aucune surprise, tout dans l'âme, rien que dans l'âme; c'est une merveille d'art dramatique.

Pierre Janet,
*les Passions et les Caractères
dans la littérature du XVIIe siècle* (1888).

XXe SIÈCLE

Ce qui distingue Hermione, c'est une certaine candeur violente de créature encore intacte, une hardiesse à tout dire qui sent la fille de roi et l'enfant trop adulée, toute pleine à la fois d'illusions et d'orgueil; qui est passionnée, mais qui n'est pas tendre, l'expérience amoureuse lui manquant, et qui n'a pas de pitié. Et ainsi elle garde, au milieu de sa démence d'amour, son caractère de vierge, de grande fille hautaine et mal élevée — absoute de son crime par son ingénuité quand même, et par son atroce souffrance.

Jules Lemaitre,
Jean Racine (1908).

A une société dont les poètes, les auteurs de romans et de tragédies considéraient l'être aimé comme un objet qu'il faut conquérir, Andromaque enseigna qu'il est inaccessible. [...] L'impuissance sans nom d'Oreste devant Hermione, l'inexistence même d'Hermione devant Pyrrhus, c'est cela que le monde n'osait plus regarder en face, qu'il avait oublié depuis les grands anciens et que Racine dérobe à Euripide. [...] Dès les premières paroles, nous savons qu'Oreste n'attend rien d'Hermione, ni Hermione de Pyrrhus, même lorsqu'ils s'efforcent de se duper. Dès l'entrée de cet enfer, ils ont perdu toute espérance. [...] Rien ne sert de rien : ni tendresse ni menaces. C'est que l'être chéri ne nous voit pas, ne nous entend pas. Il est lui-même orienté vers un autre; possédé lui aussi, il appartient à son soleil, à son aimant. Aucune force au monde ne peut le détourner de ce qu'il aime, ni le tourner vers ce dont il est aimé. Si parfois il jette un regard sur le cœur qu'il torture, c'est qu'il songe à s'en servir pour vaincre le cœur par lequel il est torturé. Sa victime n'existe à ses yeux que pour désarmer son propre bourreau : ainsi Hermione consent à écouter Oreste; ainsi Pyrrhus feint de revenir à Hermione. Trêve illusoire.

François Mauriac,
la Vie de Jean Racine (1928).

La pitié, ce remords ressenti par un autre que le coupable, cette rouille sur le métal des passions, cette liberté unique que Dieu a laissée aux hommes, le seul jeu entre leur départ et leur but, c'était bien le dernier mobile que Racine pouvait admettre. Ce que l'on appelle sa pureté vient justement de ce qu'il a purifié les grands sentiments, haine ou amour, de ce sentiment équivoque. [...] Ange adressé à la terre des bonheurs et des conciliations, Racine ne permet à aucune de ses créatures d'y revenir, fût-ce pour une heure, et il double leur égarement, par mesure supplémentaire de prudence, d'entêtement et d'obstination. Car dans tout son théâtre, pas une seule personne n'est convaincue par une autre. [...] La lâcheté non plus n'y existe pas, car elle aussi est une sorte de pitié, égoïste ou altruiste. Il suffit d'un lâche pour détendre le drame le plus tendu, et lui-même n'est qu'un mauvais ressort. Or, contrairement à ce qui se passe dans Corneille, le personnage dans Racine est toujours plus tendu que le drame et ce drame ne semble pas être, comme on l'a dit, la crise finale ou le paroxysme de la passion de ces héros, mais presque leur état habituel. Il nous est difficile d'imaginer [...] Hermione, Phèdre, Oreste et Athalie dans des moments doux et tranquilles. Ils ne les ont pas eus dans la vie. Ou, tout au plus, le drame, au lieu d'être l'accident imposé à de paisibles et innocentes familles, [...] est une de ces conflagrations hebdomadaires qui surgissent dans les familles passionnées. Tous les héros de Racine forment une seule famille effroyablement dramatique dès avant le drame.

Jean Giraudoux,
Racine (1930).

[Racine] se soumet donc moins à l'opinion qu'aux lois mêmes du drame, à une esthétique de l'essentiel. Ce qu'il efface, ce qu'il subordonne, n'est pas ce qui serait sans intérêt pour le spectateur, mais ce qui apporterait dans le spectacle un intérêt étranger à sa nature et à ses fins. C'est ainsi que dans la même tragédie où il se conforme à l'idée que nous avons d'Andromaque, il refuse de se conformer à l'idée que nous avons d'Astyanax, et le fait vivre *un peu plus qu'il n'a vécu*. Car il faut sacrifier la vérité d'Astyanax à la vérité d'Andromaque, et que serait Andromaque sans la maternité ? La tragédie éternelle d'Andromaque, l'inquiétude maternelle, l'humanité d'un personnage pourvu par toute une culture de son pathétique immuable importent plus que la date de la mort pour un enfant insignifiant, qui n'est qu'un nom et un prétexte. Quand il s'agit de donner à Pyrrhus un moyen supplémentaire de torture et de chantage, à Andromaque une terrible occasion de scrupule et de souffrance, comment Racine hésiterait-il? Quand le drame et sa cruauté sont en cause, Racine ne craint pas de faire violence à la légende elle-même, d'y ajouter, ou d'y retrancher, de créer à son tour une légende. Il suffit que cette légende ne trouble pas le spectateur dans l'attente où il est des grands sujets et des grands thèmes, qu'elle ne viole pas ce sanctuaire secret où il garde depuis l'enfance la mémoire d'êtres et de destins exceptionnels. Quand la tradition légendaire porte en elle autre chose que cette signification essentielle, quand elle traîne encore après elle les vestiges d'une barbarie ou d'une civilisation disparues, quand elle contredit dans tel ou tel de ses détails, trop puérils ou trop sauvages, la figure de l'homme qui convient au siècle, ou le sens même du personnage et son utilisation dans le drame, la tradition elle-même est sacrifiée. L'exactitude des faits est subordonnée par Racine à leur puissance de signification, à leur vertu humaine. Ce n'est pas d'une autre humanité, issue d'époques abolies ou de la fantaisie d'une fiction solitaire, que doit venir le message tragique; c'est d'un monde de héros représentatifs et reconnus.

Thierry Maulnier,
Racine (1936).

Les contemporains avaient fini par lier l'idée de tragédie à un ensemble d'attitudes, de gestes et de mots, et la première tâche de Racine avait été de la libérer de cette servitude. Qu'on lise les critiques que Subligny adressa à la pièce nouvelle, et l'on se rendra un compte exact des audaces qu'elle offrait. Il aurait fallu, dit cet admirateur de Corneille, il aurait fallu que Pylade et Oreste fussent de vrais rois et parlassent en rois. Pyrrhus aurait été violent et farouche, mais il serait resté constamment honnête homme. Il se serait défait de sa garde par un acte de courage et non par une bévue insupportable. Andromaque aurait été moins étourdie. Elle aurait mis Astyanax en sûreté avant de mourir. Il eût fallu mêler à la passion d'Hermione une considération plus attentive du point d'honneur, et elle aurait été heureuse, fût-ce un instant, de se voir vengée. Voilà ce que Racine aurait dû faire pour prendre rang parmi les élèves de Corneille.

Antoine Adam,
*Histoire de la littérature française
au XVIIᵉ siècle*, tome IV (1954).

SUJETS DE DEVOIRS

NARRATIONS

● En vous inspirant des récits de Cléone et d'Oreste au cinquième acte, décrivez la scène du mariage et du meurtre de Pyrrhus.

● Racine, se trouvant à Uzès chez son oncle, le chanoine, est surpris par celui-ci alors qu'il lit le VIe chant de *l'Iliade* et commente par quelques brèves notes (« image admirable ; silence et sourire d'Hector ; ... entretien divin ...; artifice admirable d'Homère... ») l'épisode des adieux d'Hector et d'Andromaque. Au grand scandale de son oncle, Racine lui dit qu'il voit dans la destinée d'Andromaque un admirable sujet de tragédie, qu'il rêve d'écrire un jour.

LETTRES

● Lettre de Racine à la duchesse d'Orléans (1667). Après avoir remercié Madame de l'indulgente bienveillance qu'elle lui a marquée à l'occasion de ses deux premières pièces, Racine lui fait part de son projet d'écrire une tragédie où, s'écartant à la fois de Corneille et de Quinault, il s'efforcera surtout de mettre plus d'humaine vérité. Il lui en expose brièvement le sujet et la conduite générale, et termine en formulant l'espoir que la princesse voudra bien l'aider de ses conseils.

● Dans une lettre à sa fille, en date du 12 août 1671, Mme de Sévigné écrivait : « Je fus à la comédie; ce fut *Andromaque*, qui me fit pleurer plus de six larmes. » Vous composerez la réponse de Mme de Grignan. Fervente admiratrice de Racine, elle se réjouit que sa mère, malgré son engouement pour Corneille, ne soit pas restée insensible aux touchantes beautés d'*Andromaque*. Mais une telle œuvre ne mérite-t-elle que six ou sept larmes ?

● Un Parisien, qui vient d'assister à une représentation de *la Folle Querelle* de Subligny, où il s'est d'ailleurs diverti, écrit à l'auteur pour justifier Racine à l'égard des trois griefs principaux qui lui ont été adressés : l'altération de l'histoire, la brutalité de Pyrrhus, la place excessive faite à l'amour.

DISSERTATIONS

● Qu'est-ce que Racine apporta de nouveau au théâtre avec *Andromaque* ?

● Que pensez-vous du reproche adressé parfois à Racine d'avoir trop modernisé les personnages d'*Andromaque* ?

● Expliquez et commentez le jugement de Nisard sur la « coquetterie vertueuse » d'Andromaque.

● Que pensez-vous de cette opinion de Geoffroy : « Le caractère d'Hermione n'est vraiment tragique que dans les deux derniers actes : le deuxième et le troisième n'offrent qu'une princesse dédaignée par l'amant qu'elle aime, fatiguée par celui qu'elle n'aime pas, flottant entre l'amour et le dépit » ?

● Racine écrit dans la première préface d'*Andromaque* : « Aristote, bien éloigné de nous demander des héros parfaits, veut, au contraire, que les personnages tragiques, c'est-à-dire ceux dont le malheur fait la catastrophe de la tragédie, ne soient ni tout à fait bons, ni tout à fait méchants. » Expliquez ce précepte d'Aristote, et montrez l'application que Racine en a faite dans sa tragédie d'*Andromaque*.

● Vérifiez l'assertion de Racine écrivant, au sujet de son *Andromaque* : « Mes personnages sont si fameux dans l'Antiquité que, pour peu qu'on les connaisse, on verra fort bien que je les ai rendus tels que les anciens poètes nous les ont donnés. » Si le poète a modifié les caractères qu'il empruntait à l'Antiquité, expliquez et appréciez ces changements.

● Chateaubriand écrit dans le *Génie du christianisme* : « Les sentiments les plus touchants de l'*Andromaque* de Racine émanent pour la plupart d'un poète chrétien...; on y voit la nature corrigée, la nature plus belle, la nature évangélique. Cette humilité que le christianisme a répandue dans les sentiments perce à travers tout le rôle de la moderne Andromaque. » Chateaubriand ne s'est-il pas laissé ici entraîner par sa thèse, et peut-on dire vraiment qu'Andromaque soit une chrétienne ?

TABLE DES MATIÈRES

IMPRIMERIE HÉRISSEY. — 27000 - ÉVREUX.
Dépôt légal : Mai 1965. — N° 34278. — N° de série Éditeur 12059.
IMPRIMÉ EN FRANCE *(Printed in France)*. — 34 779 C-Mai 1984.